Sighard Graf Enzenberg

TRATZBERG

Renaissancejuwel im Inntal

Sighard Graf Enzenberg

TRATZBERG

Renaissancejuwel im Inntal

*Mit 70 Abbildungen,
davon 28 in Farbe*

Amalthea

© 2000 by Amalthea
in der F. A. Herbig Verlagsbuchhandlung GmbH, Wien · München
Alle Rechte vorbehalten
Umschlagbild: Foto Angerer, Schwaz
Herstellung und Satz: VerlagsService Dr. Helmut Neuberger
& Karl Schaumann GmbH, Heimstetten
Gesetzt aus der 10,7/15 Punkt Stempel-Garamond
Druck und Binden: Jos. C. Huber KG, Dießen
Printed in Germany
ISBN 3-85002-437-7

Inhalt

Vorwort zur Erstauflage 7
Vorwort zur Neuauflage 11

Tratzberg 13

Die alte Wehranlage 15

Entstehung und Name 15
Burghuten (1296–1346) 19
Im Pfandbesitz der Freundsberg (1346–1407) 24
Unter Pflegern der Landesfürsten (1407–1499) 25
Ausgestaltung des alten Wehrbaues (1462–1463) 28
Der Brand des alten Baues (1490–1491) 31

Schloß Tratzberg 37

Der Neubau des Schlosses 37

Der Tausch mit König Maximilian (1499–1502) 37
Planung und Anlage 40
Verteidigungsanlage und Wohnbau 45
Innere Einteilung des Tänzlbaues 51
Ausstattung der Zimmer durch die Tänzl 53
Die Wandmalereien, der Habsburger Stammbaum 67
Die gemalten Hirsche 73
Die Kapelle 75
Ausgang der Tänzlzeit 77

Mathias Manlich (1552–1554) 83
Georg Ilsung (1554–1580), Umgestaltung Tratzbergs 83
Die Inneneinrichtung der Ilsungzeit 92
Ausgang der Ilsungzeit (bis 1589) 95

Die weitere Entwicklung 99

Die Fuggerzeit (1589–1657) 99
Die Stauber-Imhoff-Zeit (1657–1694) 105
Die Haldenzeit (1694–1732) 110
Kaplanei und Propstei 116
Die Tannenbergzeit (1732–1847) 122
Die Rüstkammer 129
Die Tratzberger Jagd 136
Die Enzenbergzeit (seit 1847) 141

Schlußwort 151

Chronologische Übersicht (Eigentümer und Pfleger) 153

Register 156

Bildnachweis 160

Vorwort zur Erstauflage

Wie die Köpfe von Disteln platzen, wenn sie zu alt werden, und die Samen dann vom Winde verblasen werden, erwartet auch die Schachteln, in die seit Jahren Notate über Tratzberg eingelegt wurden, nunmehr ein ähnliches Schicksal.

So suchte ich in dieser Geschichte Tratzbergs zusammenzustellen, was mir für die Entwicklung des Baues, des Stilwandels und der Lebensweise der Bewohner von Interesse schien, und entschloß mich, an diese Arbeit heranzugehen, was mir durch die eingehende, freundschaftliche Mitarbeit von Dr. Otto v. Preuschl ermöglicht wurde.

Wenn auch die Beschreibung in manchen Punkten lückenhaft bleiben muß, fühle ich mich dennoch berufen, sie zu versuchen, da meine persönlichen Erinnerungen, die nun über 80 Jahre zurückreichen, wohl die ältesten sind, die noch zur Verfügung stehen und an meinen Großvater Franz anknüpfen können, dem in erster Linie die Anerkennung gebührt, das kunsthistorische Interesse, welches Tratzberg beanspruchen kann, erkannt und das Schloß vor weiterer Verwahrlosung und beginnendem Verfall mit sehr viel Mühe gerettet zu haben.

An dieser Stelle möchte ich all jener gedenken, welche um die weitere Pflege Tratzbergs sich bemüht haben, besonders meines Onkels Artur, der mit gleicher Liebe und mit eingehenden Fachkenntnissen an Tratzberg weitergearbeitet hat; möchte nicht zuletzt die mühseligen und immer wiederholten Schreibarbeiten bei Aufnahme der Inventare für die Durchführung der so lange gewünschten Vermögensteilung erwähnen, die im Jahre 1926 zur allgemeinen Befriedigung ihren Abschluß fand. Sehr viele solcher Arbeiten leistete mit eingehendem Verständnis und Liebe zur Sache meine Schwester Marie Ottilie, die schließlich den ihr zufallenden ideellen Anteil am Schloß und den zugehörigen Gütern ihrem Bru-

der ebenso großmütig wie liebevoll übertrug. Stillschweigend und selbstlos wurde ihrerseits die Sorge um die Schloßkapelle und die Einhaltung der Paramente sowie um den regelmäßigen Gottesdienst ständig übernommen, was durch die widrigen Geschicke des Kapellenvermögens sowie den Mangel an Geistlichen immer schwieriger geworden ist. Sie verdient diesbezüglich die Ehrenbezeichnung »Pröpstin von Tratzberg«.
Hier sei auch der Landesregierung von Tirol der Dank dafür ausgesprochen, daß sie dieser Arbeit einen Druckkostenbeitrag zuerkannt hat.

Von Kindheit an mit Tratzberg verwachsen, habe ich immer meine besondere Liebe zu diesem Schloß empfunden und diesen Gefühlen auch in einigen Versen anläßlich einer Urlaubsheimkehr vom Südtiroler Kriegsschauplatz im August 1916 Ausdruck zu geben versucht, von welchen ich vier Strophen hier wiedergeben will:

Auf schattigen Pfaden durchzog ich den Wald,
Der trauten Heimat entgegen.
Ich grüßte, es grüßte mich jede Gestalt,
In jeder ein alter Erinn'rungsgehalt,
Die Buchen, der Fels allerwegen.

Die Wiesen liegen in sonnigem Schein,
Bläulinge tanzen im Reigen,
Die Bienen summen und tragen ein,
Ein Häslein springt auf im blumigen Rain,
Ameisen geschäftig sich zeigen.

Und näher schon seh' ich das hohe Dach,
Der Schindeln silb'rigen Schimmer –
Geschichte, Erlebnis wird wiederum wach,
Mein Sinn eilt voraus in der Ahnen Gemach. –

O könnt ich dich schützen für immer!
Leicht ober dem Turm das Banner weht,
Ich denk der Voreltern Leben,
Die Wahres gewollt und Gutes gesät
Und, wenn auch der Tod schon dahin sie gemäht,
Mir übertrugen ihr Streben!

In diesem Sinne möge diese meine Arbeit nicht nur von der Vergangenheit, sondern auch für die Zukunft sprechen!

Terlan, im November 1957.

Sighard Graf Enzenberg

Vorwort zur Neuauflage

Das Schloß Tratzberg an der südlichen Berglehne im Inntal zwischen Stans bei Schwaz und Jenbach gehört zu jenen wenigen Tiroler Baudenkmälern, denen internationale künstlerische Bedeutung zukommt. Schon von außen ist dieses Schloß ein weithin sichtbares Bauwerk, malerisch gelegen auf einem schmalen Plateau am steilen Hang des Stanerjochs, inmitten eines dichten Mischwaldes, ein unvergleichlicher kulturlandschaftlicher Akzent. Den Ruf als Juwel unter den Schlössern Österreichs verdankt Tratzberg seiner baukünstlerischen Qualität und seiner erlesenen Ausstattung, die zum Besten gehört, was sich aus dem 16. Jahrhundert erhalten hat.
Die Architektur des Schlosses zeigt in eindrucksvoller Weise den Übergang vom Mittelalter zur Neuzeit, von der Burg zum Schloß, von der Gotik zur Renaissance. Diese stilistische Entwicklung ist auch am arkadenbesetzten Innenhof mit seinen dekorativen Wandmalereien ablesbar. Der Reichtum der mächtigen Burgherren (Tänzl, Ilsung, Fugger) war eine solide Basis für einen überaus kostspieligen Ausbau der Innenräume, deren künstlerische Ausgestaltung ihresgleichen sucht. Es ist das historische Verdienst von Franz Graf Enzenberg, das Schloß zwischen 1847 und 1879 nicht nur vorm drohenden Verfall gerettet, sondern auch seine reiche, großteils originale Einrichtung erhalten zu haben. Die damaligen Instandsetzungsarbeiten waren vorbildlich und zählen längst zu den bedeutendsten Leistungen der österreichischen Denkmalpflege im vorigen Jahrhundert.
Die Erhaltung eines Schlosses bedarf neben des kulturellen Verständnisses und einer gehörigen Portion Idealismus auch großer finanzieller Aufwendungen der Eigentümerfamilie. Den jetzigen Schloßbesitzern, Ulrich Graf Goess-Enzenberg und seiner Gemahlin Katrin ist es gelungen, Tratzberg einerseits baulich instand

zu setzen und für die heutigen Wohnbedürfnisse zu adaptieren, andererseits durch ein neues museales Konzept die Schauräume den Besuchern auf hohem Niveau zugänglich zu machen.

Innsbruck, im April 2000

Dr. Franz Caramelle
Landeskonservator für Tirol

Tratzberg

An den Abhängen der östlichen Ausläufer des Karwendelgebirges, wo das Staner Joch in steilen Wänden zum Inntal abfällt, steht 100 Meter über der Talsohle auf einem bewaldeten Felsrücken Schloß Tratzberg. Oberhalb vier Terrassen und eines schmalen Zwingers erhebt sich die massige talseitige Front des fast quadratisch um einen Innenhof angelegten Baues, die an beiden Enden durch Erkertürme abgeschlossen und in der Mitte durch einen solchen gegliedert ist. Das hohe, steile Schindeldach mit den drei spitzen Helmen der Ecktürme vervollständigt den ernsten Eindruck des Bauwerkes, welches, umgeben von hohen Buchen, das Bild der Gegend zwischen Stans und Jenbach beherrscht.

Blick auf das Schloß von Südwesten, Stahlstich um 1830

Vor der Westfront, an der sich die Einfahrt befindet, ist durch hohe Stützmauern ein ebener Vorplatz geschaffen worden, der gegen das Tal zu mit einer Brüstung mit offenen Bögen sowie mit einem Rundtürmchen abgeschlossen wird, welches über eine vielstufige Wendeltreppe und acht weitere runde Treppentürmchen den halben Berg hinunter mit den Terrassen verbunden ist, diese gegen Westen abschließt und mit dem Schloß zu einer einheitlichen Bauanlage verbindet.

Wie aus den Funden bei Stans und Volders hervorgeht, war die Gegend von Tratzberg schon in recht alten Zeiten besiedelt. Im Jahre 1882 fand ein Tratzberger Jäger unterhalb des Staner Joches die schöne und wohlerhaltene Speerspitze aus Bronze, die in Tratzberg aufbewahrt wird.

Die ersten Nachrichten von Tratzberg selbst gehen in das Mittelalter zurück, doch hat sich von der damaligen landesfürstlichen Grenzfeste gegen Bayern nur der Name im jetzigen Bau erhalten. Der Untergang der alten Burganlage infolge eines Brandes und der anschließende völlige Neubau des Schlosses durch die Tänzl trennen auch die Geschichte Tratzbergs in zwei Teile: Während über die alte Wehranlage für die folgende Abhandlung nur historisches Material vorliegt, kann das Schloß selbst dann in seinem jetzigen Bestand als kunsthistorisches Denkmal beschrieben werden.

Die alte Wehranlage

Entstehung und Name

Die Offenhaltung der Verkehrsverbindungen zwischen Nord und Süd über das Gebirge war seit ältesten Zeiten eine der wichtigsten Angelegenheiten der jeweiligen deutschen Kaiser und Landesfürsten. Ebenso waren aber auch alle Möglichkeiten, den Verkehr gegebenenfalls unterbinden zu können, wichtig. Eine solche natürliche Verkehrssperre war für das Unterinntal am Standort des heutigen Tratzberg gegeben, wo auf der Nordseite des Tales die Steilwände der Ausläufer des Staner Joches eine Umgehung dieser Stelle verwehrten und ein Ausweichen in die Talebene der Innstrom und die dortigen Sümpfe nicht zuließen.

Der Inn floß damals nicht wie heute reguliert in der Mitte des Tales, sondern in wechselnden Flußarmen großenteils an seiner Nordseite knapp an den Felswänden von Tratzberg vorbei, um dann das Tal bei Jenbach zu durchqueren und auf der anderen Talseite seinen Lauf fortzusetzen. Die Felswände und der Inn bildeten also ein natürliches Verkehrshindernis an dieser Stelle. Der ehemalige Flußlauf läßt sich noch an den abgenagten Schuttkegeln der Seitenbäche wie auch an den restlichen Sumpfstellen nachweisen.

Dieser Lauf des Inns mit der natürlichen Talsperre scheint aber auch die damalige Nordgrenze für die Grafschaft Unterinntal gegen nördlich des Inns gelegene Gebiete gewesen zu sein. Während die Grenzen des andechsischen Grafschaftsgebietes im Inntal im Osten und Westen durch die Mellach und den Ziller wiederholt erwähnt werden und auch die Südgrenze großzügig im Niemandsland der Gletscher angenommen werden kann, wird die Nordgrenze der Inntalgrafschaft nie genannt und kann nur aus dem Schiedsspruch des Herzogs Ludwig von Bayern vom Jahre 1263 entnommen werden. Aus diesem Schiedsspruch ergibt sich deutlich, daß der Innlauf die verbindende Grenzlinie zwischen den obengenannten Grenzpunkten, der Mellachmündung und der

Mündung des Zillers in den Inn, und somit auch die Nordgrenze des Grafschaftsgebietes bildete, von dem nur das Schloß und Gericht Rottenburg als Besitz der Grafen Hirschberg ausgeschlossen war. Nachdem Meinhard auch noch Rottenburg von Hirschberg käuflich übernommen hatte, war also das Innbett (von der Mellach) bis zur Zillermündung die eindeutige Nordgrenze der Inntalgrafschaft.

Meinhard scheint nun das natürliche Verkehrshindernis bei Tratzberg, das in seiner Grenzlinie lag, noch weiter künstlich zu verstärken wünschenswert befunden und zu einer wehrhaften Anlage ausgebaut zu haben. Dr. Josef Egger erwähnt in seiner Geschichte Tirols, S. 326, einen Einfall des Pfalzgrafen Rudolf von Bayern in Tirol, wobei dieser zwei Burgen, Kartenberg und Trostberg, erbaut habe. Die Mitteilung geht auf den bayrischen Geschichtsschreiber Aventin zurück, der 1517 von den Herzogen Wilhelm und Ernst von Bayern beauftragt war, eine urkundliche bayrische Geschichte zu schreiben. In diesen ursprünglich lateinisch geschriebenen »Annales bojorum«, seinem Hauptwerk, von welchem 1522 in Nürnberg ein gedruckter Auszug erschien, heißt es (II, S. 363): »duas arces in alpibus quas Chattobergamum et Trasobergamum vocant extrunctur.« (Die Übersetzung bei Dr. Egger von »extrunctur« mit »erbaut« ist unrichtig und sinnstörend, und auch in der deutschen Ausgabe des Aventin heißt es »zerstört«.) Dieser Bericht Aventins ist durch keine Urkunde beglaubigt, und es wird auch von den Historikern keine weitere Notiz davon genommen. Der Ausdruck »duas arces« ist jedenfalls sehr übertrieben, und das »Trasobergamum« dürfte wohl nur eine verstärkte Sperre zwischen dem Berg und dem versumpften Tal gewesen sein, eine Art Schanze, wie eine solche auch noch um 1410 dort bestand. Daß aber unter »Trasobergamum«, das im deutschen Text des Aventin »Trastberg« geschrieben ist, nur unser Tratzberg gemeint sein kann, scheint unzweifelhaft. Für die im Aventin als »Chattobergamum« bezeichnete Wehranlage kann ich keine nähere Aufklärung finden. In den zwei ältesten gedruckten Ausgaben Aventins wird es »Kartenberg« genannt, was identisch sein könnte mit Wartenberg, das auch von Prof. Stolz einmal genannt wird und im Verzeichnis der Zuweisungen von Mussalz durch die Landesregierung gleich nach Tratzberg erscheint.

Daß der bayrische Überfall, für den Aventin das Jahr 1294 angibt, für Meinhard, der damals Herr des Inntales war, günstig endete, beweist der gleich darauf erfolgte Bau einer Burganlage am Berg über der Talsperre in der Ebene:

Zufolge der Aufzeichnungen in den landesfürstlichen Rait-(Rechnungs-)büchern des Grafen Meinhard von Tirol erhält Sighard Cholb im Jahre 1299 (14. Juni) 12 Mark Berner für die Burghut in Tratzberg, die er bereits seit 1296 geleistet hatte.

Nachdem die Burg Tratzberg so erstmalig dokumentarisch genannt worden war, erscheint sie laufend in den landesfürstlichen Raitbüchern, und man ersieht aus den aufgewendeten Bausummen die Wichtigkeit, welche die Tiroler Landesfürsten dieser Grenzbefestigung beimaßen.

Soweit sich die Entstehung Tratzbergs überblicken läßt, scheint zuerst die natürliche Talsperre von Meinhard zu einer Grenzsperre künstlich verstärkt worden zu sein. Diese wäre von Bayern aus zerstört worden, worauf Meinhard sie wieder errichtet und durch eine Burg oberhalb der Talsperre noch weiter befestigt hätte. Da dieser Streit zwischen Tirol und Bayern lokal beschränkt war und es sich jedenfalls nur um Grenzverschiebungen innerhalb der Bistumsgrenzen handelte, ist es begreiflich, wenn von diesem Kampf in der Geschichte wenig erwähnt wird. Immerhin dürfte doch damit in Zusammenhang stehen, daß nach diesen für Meinhard erfolgreich beendeten Kämpfen die Gerichtsgrenzen von Freundsberg und von Rottenburg fast bis an die nördlichen Bistumsgrenzen ausgedehnt und damit auch die Grafschaftsgrenzen verlegt wurden.

Seitdem der Name urkundlich vorkommt, wird er immer Tratzberg oder Trazperch geschrieben und nicht Trutz- oder Trostberg. Das Wort »tratzen« ist auch heute noch ein wohlverstandenes Wort in Tirol und bedeutet so viel wie necken und reizen, dem Gelingen einer Arbeit durch kleine Hindernisse zuwider sein. Auch das Hauptwort »der Tratz« im Sinne der Widersetzlichkeit findet sich in dem Ausdruck »dir zu Trutze und zu Tratze« (Schöpf: Idioticon). Der Name entspricht also der Aufgabe, die der Burg als Verkehrsabsperrung zugedacht war.

Eine andere Auslegung suchte das »Tratz« darauf zurückzuführen, daß der felsige Vorsprung des Bergrückens, auf dem die Burg steht, für die Schiffahrt am Inn ein gefährliches Hindernis gewesen sein soll, an dem Schiffe und Flöße leicht zum Stranden kamen. Diese Tradition knüpft sich an ein Maria-Hilf-Exvotobild, das dort an der Felswand hängt und von Schiffern aufgehängt worden sein soll. Keinerlei Belege können für diese Überlieferung gebracht werden, die hier nur angeführt wird, um sie nicht der Vergessenheit zu überlassen.

Noch eine aus etymologischer Grundlage abgeleitete Deutung des Namens Tratzberg hat Hugo Graf Enzenberg im Zusammenhang mit der Bezeichnung Kienberg versucht. Diesen Namen trägt heute noch ein Teil des Bergrückens, auf dem das Schloß steht. »Kienberg« wäre ein Berg, auf dem Kienholz, das ist sehr harzreiches Holz, wächst oder Kienpech gesammelt wird. Auf diesem steilen Kienberg wächst auch heute fast nur die harzreiche Föhre, so daß es nicht unbegründet ist anzunehmen, daß der Bergrücken früher »mons turatus« (Harzberg) oder kurz »turatum« genannt wurde. Aus »mons turatus« wäre dann Tratzberg abgeleitet.

Sowohl nach dieser Auslegung des Namens als auch nach der, daß der Berg die Schiffahrt tratzte, würde der Berg zuerst den Namen getragen haben, der dann auf die Wehranlage überging, die auf ihm erbaut wurde. Für die Namensübertragung der Örtlichkeit auf die Befestigungsanlage spricht auch, daß in den ältesten Bauurkunden vom Jahre 1297 nur von einem festen Hause auf einem bereits benannten Orte die Rede ist: »Pro quadam domo ducta in Trazperch«, »ad structuram castri in Trazperch«, »de turri facienda in Trazperch«. Also auf dem Tratzberg ist ein Haus, eine Burg bzw. ein Turm zu bauen. (Ähnlich dürfte der Name Kropfsberg vom kropfartigen Felshügel, auf dem das Schloß steht, genommen sein.)

Dr. Staffler bringt in seiner Landesbeschreibung die kurze Angabe: »Tratzberg ist unbekannten Ursprungs. Der Sage nach soll es ein junger Sohn des Hauses Rottenburg erbaut haben. Urkundlich bestand Tratzberg schon im 12. Jahrhundert.« Dieselbe wiederholt

Georg Tinkhauser. Demgegenüber stellt Hormayr in seinem Tiroler Almanach vom Jahre 1804, S. 164, die Behauptung auf, daß Tratzberg von den Freundsbergern, die den Rottenburgern feindlich gesinnt waren, um die Mitte des 13. Jahrhunderts diesen »zum Trutz« errichtet worden sei. Keine dieser beiden Behauptungen läßt sich durch Dokumente erweisen.

Burghuten (1296–1346)

Seit der Einsetzung des schon genannten ersten Burghüters Sighard Cholb, der am 10. August 1296 betraut wurde[1], behält dieser sie bis zu seinem Tode am 21. März 1300. Laut der Chronik von St. Georgenberg, S. 44, stiftet die Witwe mit ihren Kindern Messen daselbst für ihren Gemahl. Als Gehalt erhielt er laut Amtsrechnung vom 14. Juni 1299 50 Mark Perner jährlich[2]. Die Bauführung zu dieser Zeit scheint ein Rudolf de Fritzens übernommen zu haben, der »pro domo ducta« bezahlt wird[3]. Auch ein Judex de Thaur verrechnet Gänge, die er für Tratzberg und andere Burgen zu machen hatte. Er scheint in Tratzberg gewohnt zu haben und früher Richter in Thaur gewesen zu sein. Am 1. August 1297 werden zwei »libros (Pfund) pro Senevegarn ad Trazperch« verrechnet, was (nach Dr. Radinger) Sehnengarn für die Sehnen der Armbrüste ist und der Ausrüstung der Burg diente.

Die Cholben erscheinen zuerst als tirolische Ministeriale und siegeln mit einem Wappen, das im Schild einen Kolben (wohl einen Streitkolben) zeigt. So Sighard Cholb zu Volders, Propst von Friedberg 1274. Er ist der Vater des gleichnamigen obgenannten ersten Burghüters von Tratzberg. Am 18. Juli 1303 verrechnet der Salinenverwalter von Hall, Chunrat Jäger (Venator) »item ad purchutas novas eodem anno Sigehard ad Tratzperch Mark 50«[4]. Dieser Sighard (auch Sigellino genannt) wird in den Urkunden mit dem Zunamen »von Tratzberg« bezeichnet, ebenso sein Bruder Heinrich und manchmal auch Ulrich. So bekennt zu Bozen, am 17. November 1306, »Herr Sighard von Tratzberg«, Sohn weiland Sighards Cholbe aus dem Inntale, dem Chunrat, gewesenem Schul-

1 Landesregierungsarchiv Innsbruck, im folgenden »LRAI« zitiert, cod. 282, f. 31b.
2 LRAI, cod. 282, f. 25.
3 LRAI, cod. 282, f. 34b.
4 LRAI, cod. 285, f. 3.

meister zu München 190 Pfund Perner zu schulden. Am Thomastag 1313 stellen des Königs Heinrich Pfleger im Inntal dem Herrn Heinrich von Tratzberg einen Schuldbrief aus; ebenso dessen Bruder Ulrich von Tratzberg. Derselbe Ulrich erscheint auch noch zu Bozen als Zeuge am 12. August 1315 (Archiv Payersberg). Noch am Samstag vor Palmsonntag 1319 bekennt König Heinrich, dem Heinrich von Tratzberg für ein Roß 65 Mark Perner zu schulden; im Falle er ihm dieselben bis Martini nicht zahle, soll dieser dafür sein Gut zu Aichach, ein Gut auf dem Stein und den halben Dorfbach am Volderer Berg zu Pfand haben[5]. Im September des Jahres war dieser Heinrich von Tratzberg gestorben, denn am 7. September 1319 bekennt König Heinrich, den Töchtern und Erben weiland Heinrichs von Tratzberg 150 Mark Perner zu schulden und versetzt ihnen für diese Summe die Gilten aus seinem Mayrhof zu Wehr wie aus dem Schwaighofe zu Vegels[6].

Daß die im 14. Jahrhundert »von Tratzberg« sich Nennenden wirklich Cholben waren, dafür liegt neben der angeführten Urkunde vom Jahre 1306 auch in folgender Urkunde ein Beweis: Am 3. April 1328 verkaufen Abt Wernher von Wilten und dessen Konvent dem Herrn Arnold Jaudes von Bozen eine Gilte von einem Fuder Wein aus dem Gute bei Bozen, welches einst den Cholben von Tratzberg gehört hatte.

Sighard (Sigellino) von Tratzberg und seine Frau Kunigundis von Baumkirchen waren 1320 nicht mehr am Leben. Abt Hermann von St. Georgenberg stellt am 12. Mai 1320 eine Urkunde aus, in der er beide mit »selig« bezeichnet.

Die Benennung »von Tratzberg« war nicht als Prädikat oder Besitztitel anzusehen, da die Cholben Tratzberg nie als Eigentum oder auch nur Lehen besaßen. Sie wurde auch nur für jene Angehörigen der Familie verwendet, die in Tratzberg als Kinder des ersten Inhabers der Burghut aufgewachsen waren, und um Verwechslungen mit den anderen Cholben, die in Volders saßen und sich »von Gasteige« nannten, zu vermeiden. Diese Bezeichnung »von Tratzberg« findet sich bei ihnen auch nicht mehr, seitdem die Burghut von Tratzberg auf andere übertragen worden war. In die Zeit der Burghut der Sigharde von Tratzberg fällt die Heirat

---

5 Haus-, Hof- und Staatsarchiv, im folgenden »HHuStA« zitiert, Rep. VI.

6 München, Reichsarchiv, cod. 10, f. 826.

des Herzogs Heinrich, Grafen von Kärnten und Tirol, mit Anna, des Königs Wenzl III. von Böhmen und Polen älterer Schwester. In dem am 6. Februar 1306 geschlossenen Ehevertrag verspricht König Wenzl der Braut 10000 Mark Silber, Herzog Heinrich hingegen 15000 Mark Silber als Heiratsgeschenk und weitere 6000 Mark Silber als Morgengabe. Als Unterpfand dafür verschreibt er seiner Braut Schloß und Stadt Hall, Thaur, Tratzberg und Friedberg. Aus der Auswahl dieser Pfandobjekte mag immerhin ein Schluß auf den Wert gezogen werden, der Tratzberg damals beigemessen wurde[7]. Als Anna noch in jungen Jahren als Königin von Böhmen starb, fiel Tratzberg gleich den anderen Unterpfändern zurück an Heinrich, der durch die Heirat auch König von Böhmen geworden war.

Der nächste Nachfolger in der Burghut war Seyfried (auch Sifried) von Rottenburg. Er war schon um 1300 mit Elisabeth Cholb von Gasteige, einer Schwester des Sighard Cholb von Tratzberg, verheiratet. 1303 bis 1309 finden wir ihn als Richter in Hall, 1312 bis 1329 erscheint er auch als Pfandinhaber von Rattenberg, 1322 nennt er sich Pfleger im Inntal, 1323 ist er auch Salzmair in Hall und 1326 bis 1328 auch Pfleger in Tratzberg[8]. 1331 war er noch am Leben, seine Frau starb vor 1334 und ist in St. Georgenberg begraben. Er muß die Burghut in Tratzberg aber schon nach dem Tode seines Schwagers Sighard Cholb übernommen haben, denn am 29. August 1319 legt er in Innsbruck eine Amtsrechnung über Einkünfte von Rottenburg vor, und dort heißt es weiter: »item edificavit in castro Trazberg duas domus et pro aliis edificiis, lignis, tecturis, iamnis ferreis, muratoribus, carpentariis, precis et expensis in novem annis praeteritis veron. marc 186 sub testimonio litterarum Jacobi notarii de Hall, Got(schalci) Scolaris«[9]. Wenn man die neun Jahr zurückrechnet, fängt also seine Bautätigkeit in Tratzberg, die er neben verschiedenen anderen Ämtern zugleich ausübt, schon 1310 an und stimmt mit dem Zeitpunkt der Verleihung der posteria von Riva und purghut von Tegnali an Sighard und Heinrich von Tratzberg, 1309 überein. Am 9. September 1325 verrechnet er auch Auslagen für Verbesserung der Burg und des Turmes in Tratzberg[10].

---

7 Urkunde vom 28. Februar 1306, ddo. Landshut, im LRAI, Schatzarchiv, Rep. 111/902.

8 München, Reichsarchiv, cod. 10, f. 82/6.

9 München, Reichsarchiv, cod. 10, f. 82/6.

10 T. R. München, cod. 13, f. 117.

Von 1333 an erscheint in Urkunden wieder ein Heinrich von Tratzberg. Heinrich Cholb, der Bruder des Sighard, der auch »von Tratzberg« benannt wurde, war 1319, also 14 Jahre vorher, gestorben, so daß diese beiden Heinrich von Tratzberg nicht dieselbe Person sein können.

Schon aus der ersten über ihn vorliegenden Nachricht lernen wir ihn als Bruder Heinrichs von Eschenloch kennen. 1333 bezeugt König Heinrich, daß der getreue Heinrich von Eschenloch um 46 Mark Perner den Mittermureinhof in Schlanders gekauft und um 50 Mark Perner seinem Bruder Heinrich von Tratzberg verkauft habe«.[11]

Im selben Jahr verkauft Heinrich von Tratzberg dem Heinrich von Schlandersberg den Mittermureinhof zu Fezzan bei Schlanders. Das Originalpergament ist von ihm selbst und von seinem Bruder Heinrich von Eschenloch gesiegelt[12].

1336 legt Heinrich von Eschenloch, Richter in Enna, Rechnung über Einkünfte des Gerichtes Enna und Sala über zwei Jahre: »Item dedit domino Henrico de Tratzberg marc 14 quas debuerat accepisse ex gratia olim carissimi patris nostri …«. Aus diesen Urkunden ist also die Verwandtschaft mit Heinrich von Eschenloch und wohl deutlich genug die Vaterschaft einer sehr hochstehenden Persönlichkeit angedeutet. Heinrich Graf von Eschenloch wird als Sohn Meinhards II. angesehen, und demnach hätte auch Heinrich von Tratzberg diesen zum Vater[13].

Ladurner zählt noch einen weiteren Heinrich, Domherren zu Brixen, und einen Albrecht von Vorst zu den Spurii Meinhards. Heinrich von Tratzberg wäre demzufolge auch der Bruder König Heinrichs, und damit wäre hinreichend erklärt, daß Heinrich von Tratzberg wiederholt von verschiedenen Richtern Zuwendungen erhält, die in den Verrechnungen begründet sind »de gratia per litteras domini« oder »de gratia speciali«. 1335 verrechnet Heinrich Graf von Eschenloch sogar ein Hochzeitsgeschenk: »Item dedit Henrico de Tratzberg pro subsidiis dotis marc 20«[14].

Die Verwandtschaft zum Regenten ist also wohl nicht anzuzweifeln. Merkwürdig erscheint aber, daß Meinhard gleich drei Söhne Heinrich benannt habe, und zwar sowohl den legitimen als auch

---

11 Wien, HHuStA, cod. 394, f. 70.
12 Archiv Tarantsb., Arch.-Ber. Nr. 2357.
13 Ladurner, Arch. III, S. 232–240.
14 LRAI, cod. 62, f. 83.

zwei illegitime Nachkommen. Auch müßte Meinhard noch in sehr alten Tagen diese Kinder erlebt haben. Es käme mir wahrscheinlicher vor, daß Eschenloch und Heinrich von Tratzberg Söhne von König Heinrich gewesen wären und die betreffenden Mütter ihre Söhne nach dem Vater Heinrich benannt hätten. In der Broschüre von Artur Maria Scheiber: »Eschenloch und Walbenstein«, Verlag Ferrari-Auer AG, Bozen 1952, wird Heinrich von Tratzberg allerdings auch, wie von Ladurner, als unehelicher Sohn Meinhards bezeichnet.

Jedenfalls ist der Titel »von Tratzberg« ebenso wie der »von Eschenloch« und »von Vorst« den Sprößlingen neu in die Wiege gelegt worden. Die Beziehungen zu Tratzberg scheinen sehr lockere gewesen zu sein und sind nur aus einer Urkunde vom 16. Mai 1342[15] zu entnehmen; darin werden dem Henrico olim provisori in Tratzberg de purchuta et pro edificiis ibidem mare XIIII an der Saline in Hall verrechnet. Es darf wohl mit aller Wahrscheinlichkeit angenommen werden, daß dieser Heinrich identisch ist mit Heinrich von Tratzberg, da für diese Zeit ein anderer Heinrich, der als provisor in Tratzberg bezeichnet werden könnte, nicht bekannt ist. König Heinrich war 1335 gestorben, und 1336 gebraucht Eschenloch in der genannten Urkunde für den Vater die Bezeichnung: »olim carissimi patris nostri«. Meinhard II. starb schon 1295. Wenn dieser der beiden Vater sein sollte, dann wäre die Auszahlung der 14 Mark, die Eschenloch dem Heinrich von Tratzberg vom Vater her noch auszuzahlen hatte, doch unwahrscheinlich verspätet erfolgt.

Während des urkundlichen Auftretens dieses Heinrich von Tratzberg findet sich kein Dokument über einen anderen Pfleger auf Tratzberg, so daß dieser Heinrich die Lücke in der Burghut ausfüllt.

Im Jahre 1338 erhält er für eine Reise nach Ramüs 4 Pfund und 3 grossos vom Richter in Hertenberg ausbezahlt[16]. Von 1349 stammt die letzte Urkunde über ihn. Darin erscheint er in Schloß Vorst als Zeuge des Testaments der Siguna von Schlandersberg, Gemahlin des Wilhelm von Enna. Vielleicht war er es, der den Namen »Tratzberg« weiter vererbte auf einen Hans Tratzberger,

15 LRAI, cod. 15, f. 77.
16 LRAI, cod. 287, f. 110b.

der der Anlaß war, daß das Prädikat »von Tratzberg« auf die Familie von Pappus kam (siehe Abschnitt: »Die Haldenzeit«). In Tirol verliert sich aber jede Spur von ihm.

1340 zahlt Schino de Florencia (damals provisor der Saline in Hall) dem magistro Henrico muratori 132 M 7 Pfund und 6 Grossi, wozu die Bemerkung gemacht ist: eingerechnet die Minderung des Geldwertes mit VIII M. u. VI Pf. gerechnet (damnum pecuniae minutae). Es dürfte also noch eine Baurechnung aus der Zeit des Heinrich von Tratzberg gewesen sein, die wegen eingetretener Geldentwertung aufgewertet werden mußte[17].

Im Pfandbesitz der Freundsberg (1346–1407)

Die Reihe der landesfürstlichen Burghuten wird nun unterbrochen; denn wir finden Tratzberg in den folgenden 60 Jahren im Pfandbesitz der Freundsberg.

Die Landesfürstin Margaretha hatte nach der unglücklichen, im Kindesalter geschlossenen Ehe mit Johann von Luxemburg, der aus dem Lande vertrieben worden war, eine zweite Verbindung mit Ludwig von Brandenburg, dem Sohne Kaiser Ludwigs des Bayern, geschlossen, obwohl die erste Ehe kirchlich nicht annulliert war. Dadurch in Krieg mit Böhmen und eine Reihe anderer Kämpfe und innerer Streitigkeiten verwickelt, sah sich Ludwig von Brandenburg, der die Verwaltung Tirols führte, veranlaßt, eine große Zahl von Verpfändungen vorzunehmen, um die bedeutenden Summen, die diese Kämpfe kosteten, aufzubringen. Am 8. März 1346 »commisit dominus castrum Tratzberg Johanni de Fruntsperger[18]« und am 12. Juni 1347 bekennt Ludwig von Brandenburg, dem Hans von Freundsberg 70 M Berner für ein Pferd zu schulden und schlägt ihm diese Summe auf seinen Satz, Schloß Tratzberg.

Die Edlen von Freundsberg blieben noch 60 Jahre im Besitz des Pfandes, während welcher Zeit wir übrigens zum erstenmal wieder aus Salinenbüchern von ca. 1380[19] von dem Bestand der Klause unter Tratzberg erfahren.

Am Freitag nach Heilig-Kreuzerfindungstag (6. Mai) 1407 zu Inns-

---

17 T. R. München, cod. 15, f. 25, 26 u. 28 (aus Ferdinandeum-Zeitschr. 1898).
18 HHuStA, cod. 398, f. 85.
19 LRAI, cod. 3176.

bruck urkunden dann die Brüder Hans und Ulrich von Freundsberg, daß Herzog Friedrich ihnen die zwei Vesten Straßberg und St. Petersberg samt Gericht, welche sie bisher von ihm zu Pfand innegehabt, zu rechten Mannslehen verliehen habe; darum sie ihm die Veste Tratzberg samt den dazugehörigen Gilten von 52 M. B., sowie die Märkte Matrei und Steinach mit dem Gericht, welche sie als tirolische Pfandschaft innegehabt, zurückstellen[20].

Unter Pflegern der Landesfürsten (1407–1499)

Die Erzherzöge von Österreich, von Margaretha Maultasch als Landesfürsten anerkannt, behalten nun Tratzberg in eigener Verwaltung, die sie durch Pfleger ausüben lassen, als deren erster 1409 Ulrich von Weisbriach als Hauptmann in Tratzberg erscheint[21]. Egger in der Geschichte Tirols, I, S. 464, führt Ulrich von Weisbriach als Pfleger zu Kropfsberg an; doch kann er beides zugleich gewesen sein.

Am 4. April 1410 erklärt Cunrad (auch Gamoreth) Pucher: Da ihm Herzog Friedrich, sein gnädiger Herr, die Veste Tratzberg pflegweise überlassen und ihn zum Pfleger eingesetzt habe, so gelobe er demselben, die Veste wohl zu versorgen, wie es seine Pflicht sei. Wenn sein Herr und dessen Bruder, Herzog Ernst, diese von ihm zurückfordern sollten, wolle er ihnen dieselbe sofort übergeben[22]. Eine Urkunde gleichen Inhalts siegelt auf seine Bitte Ulrich von Weisbriach als des Herzogs Kammermeister.

Herzog Friedrich war zu jener Zeit mit Heinrich von Rottenburg, der sich während der schwachen Regierung Margarethas und Meinhards III. zum mächtigsten Herrn in Tirol aufge-

20 LRAI, libri fragment.
21 Bonelli, Monum. Eccl. Trident., Vol. III, 2. Abt., S. 124.
22 LRAI, Schatzarchiv, 1095.

Margarete Maultasch von Kärnten, Herzogin von Bayern

schwungen hatte, in heftiger Fehde. Heinrich verbündete sich schließlich sogar mit den Herzogen von Bayern gegen Herzog Friedrich, und diese fielen im Jahre 1410 überraschend in Tirol ein und waren bald südlich des Inns bis Volders vorgestoßen. Dort fanden sie die Brücke abgetragen, und da sie den hochgehenden Fluß nicht überschreiten konnten, kehrten sie um und belagerten Schloß Matzen, das der tapfere Ulrich von Freundsberg durch sieben Wochen hielt. Während dieser Zeit hatte nun auch Friedrich Hilfe von seinem Bruder Ernst erhalten, und unterstützt von den Bürgern von Innsbruck und Hall stellten sie sich den Bayern entgegen, indem sie die Schanzen besetzten, welche die schmale Straße am Fuße des Tratzberger Felsens zwischen dem steil aufragenden Berg und der sumpfigen Au sperrten[23].

Bevor es noch zur Austragung eines blutigen Kampfes kam, vermittelte aber der Bischof von Passau, Graf Georg Hohenlohe, als Freund des Hauses Österreich zwischen beiden Parteien einen Waffenstillstand von Mariä Himmelfahrt 1410 bis Martini 1412. Nun zogen die Bayern heim und überließen Heinrich von Rottenburg dem verdienten Geschick: Er wird besiegt, kommt in Haft, wird zwar nach kurzer Zeit entlassen, stirbt jedoch, fast aller seiner Schlösser beraubt, bald darauf.

Die Grenzbefestigung Tratzberg hatte damals zum erstenmal ihre Aufgabe erfüllt.

Der oben erwähnte Pfleger Gamoreth Pucher erlebte noch weitere Kriegsereignisse, als Mitte Jänner 1413 (der Waffenstillstand war um Martini 1412 abgelaufen) aus unbekannten Gründen Herzog Stephan von Ingolstadt nochmals mit 300 Reitern und 700 Mann Fußvolk in Tirol einfiel und bis Hall vordrang. Ob es damals bei Tratzberg auch zu Kämpfen kam, wird jedoch nicht erwähnt[24].

Durch sein Verhalten beim großen Konzil zu Konstanz (Eintreten zugunsten des abgesetzten Papstes Johann XXIII.) zog sich Friedrich die Ungnade Kaiser Sigismunds zu und wurde zur Zahlung von schweren Geldbußen verhalten. Um dieser nachkommen zu können, sah er sich genötigt, 36 000 Gulden von Herzog Albrecht auszuleihen und diesem dafür die Städte Hall und Innsbruck, die

---

[23] Mitteil. d. Inst. f. österr. Geschichtsforsch. VI. Bd., 3. Heft.
[24] Stephan Mayerhofen in Ferd.-Zeitschr.

Schlösser Ambras, Schloßberg, Rattenberg und Tratzberg, die Landgerichte Steinach und Sonnenburg, die Vesten Leuchtenburg, Laimburg und Enn samt Neumarkt und dem Zoll an der Sill zu verpfänden. Da jedoch Herzog Albrecht auf Bitte des Herzogs Ernst laut Urkunde vom 26. November 1420[25] versprach, die von obigen Pfandobjekten jährlich entfallenden 12 000 Gulden Nutzung von der Pfandsumme abzuziehen, mußte nach drei Jahren die Pfandsumme abgezahlt, das Pfand gelöst und Tratzberg mit den anderen unterstellt gewesenen Objekten wieder in den freien Besitz des Landesfürsten gekommen sein. Pfleger war damals Moriz Hergasser.

Mit dem Tode Herzog Friedrichs 1439 bekommt Tratzberg als neuen Herrn dessen zwölfjährigen Sohn Erzherzog Sigismund unter Vormundschaft seines Vetters, des späteren Kaisers Friedrich III. Gegen diese Vormundschaft bestand in Tirol Widerwillen, und der Verdacht, daß Friedrich Tirol den innerösterreichischen Ländern anschließen wolle, steigerte sich immer mehr; es kam so weit, daß die Verweser des Landes es für angezeigt hielten, sich einem Gewaltstreich des Kaisers gegen die Selbständigkeit des Landes Tirol zu widersetzen. Die Grenzen, wo man einen Einmarsch befürchten konnte, erhielten deshalb stärkere Besatzung[26]. Einer Münzwährungsaufzeichnung der Bibl. Tirol., Nr. 1049, ist zu entnehmen: »Dasselbig Jahr 1444 ist man« (die Landschaft) »an der Klause unter Rottenburg gelegen, auch Tratzberg und St. Georgenberg und Schlossberg besetzt worden. Wilhelm Voldrer ist damals Pfleger auf Tratzberg gewesen.«

Diesen Wilhelm Voldrer von Friedberg finden wir bis 1449. Ihm würde 1445 auch das Berggericht zu Schwaz mit 100 Gulden Besoldung anvertraut[27]. Voldrer war auch einer der sechs Schiedsrichter, welche unter der Obmannschaft des Richters Clemens Kripp zu Hall einen Streit zwischen den Gemeinden Baumkirchen und Mils wegen Benutzung gewisser Wege entschieden.

Am 22. August 1449 stellt Thomas Schindler den Pflegerevers um die Pflege in Tratzberg mit 20 M. B. aus[28].

Ihm folgt ab Juni 1452 Conrad Köffer aus Konstanz. Er bekennt am Montag nach Trinitatis 1452 zur Nothdurft des Baues zu Tratz-

25 LRAI, Liber fragm. I, f. 141–142.
26 Chmel I, S. 187.
27 LRAI, Schatzarchiv, Reg. II, 595.
28 Ebd., S. 599.

berg, welchen der Herzog befohlen, 7 M. 2 Pf. B. alter Währung erhalten zu haben.

Hans Tratzberger, der unter Erzherzog Sigismund in Südtirol und vor allem in Vorarlberg erscheint und von diesem begünstigt wird, ist nie im Zusammenhang mit Schloß Tratzberg erwähnt, kann aber den Namen (sicher nicht als Adelsprädikat) von Sigismund nach dem diesem gehörigen Schloß erhalten haben (siehe Abschnitt: »Die Haldenzeit«).

Ausgestaltung des alten Wehrbaues (1462–1463)

Schon 1455 ist wieder der Geldbedarf des Landesfürsten so groß, daß Erzherzog Sigismund Tratzberg nebst Rattenberg, Thaur, Vellenberg, Fragenstein, Schloßberg, Hertenberg, Freundsberg, Landegk, Wisberg mit ihren Zugehörungen im Inntal, ausgenommen die Stadt Hall und das Pfannhaus daselbst mitsampt dem Salzberg und was zu demselben Berg dienet, so dann zu dem bemeldten Schloss Thaur gehört etc. seinem Neffen Ulrich von Gots gnaden grave zu Cilli zu Ortenburg Pfandweis verschrieben hat für 200 000 guten Gulden hungarischer und Dukaten[29].

Auch diese Verpfändungen waren offenbar binnen kurzer Zeit wieder ausgelöst und die Schuld zurückgezahlt, denn 1462 bis 1463 läßt Erzherzog Sigismund verschiedene Bauarbeiten in Tratzberg ausführen. Aus der Rechnung des Baumeisters Hans Giebinger (oder Gyebinger) ist zu ersehen, daß der Landesfürst die Anlage durch einen Zwinger erweitert und verstärkt und zur besseren Verteidigungsmöglichkeit drei Wehrgänge höher mauern und diese mit Zinnen und gewölbten »Palchen« (Fensteröffnungen: pars pro toto: weil zur Fensteröffnung auch Fensterverschluß gehörte, der in Tirol Balken oder Laden genannt wurde) versehen ließ. Zur Verschönerung ließ er ein Tor aus Hausteinen machen und Knöpfe (wohl Turmknäufe) an den Giebeln der Dächer anbringen. Zudem wurde auch der Turm mit Mörtel beworfen. Um die Wohnlichkeit zu heben, wurden Öfen aufgestellt, zwei Stuben (die wir uns, nach früher verrechneten Ausgaben an Tischler, getäfelt vorstellen dür-

29 Orig.-Perg. m. Siegel, Wien, HHuStA.

fen) mit Butzenscheibenfenstern versehen und in der großen Stube ein Kranzfenster angebracht (worunter ein halbkreisförmiger oder polygoner Erker zu verstehen ist). Im Turm waren schon früher zwei Cubilia eingebaut worden. An Wirtschaftsbaulichkeiten kommt noch ein neuer Stadel hinzu[30].

Das Gesamtbild, das wir uns demnach vom damaligen Tratzberg machen können, sieht wie folgt aus: Der älteste Wohnbau, der Turm, zwei weitere neuere Wohnbauten mit Stadel und Gaden. An der Torseite waren ein vorgelegter Zwinger und Verteidigungsgänge an der Umfassungsmauer mit Zinnen und Schießfenstern. Auch die Klause am Fuße des Berges auf der kleinen Anhöhe, wo jetzt das Gasthaus und der Gassenhof stehen, dürfte durch eine zur Verteidigung geeignete Mauer mit dem Schloß in Verbindung gestanden haben. Allein aus den bekannten Verrechnungen für Bauarbeit, Löhne und Material ergibt sich eine Summe von mindestens 800 bis 900 Mark.

[30] LRAI, Raitb. d. landf. Kammer, u. Kunstreg. v. Mayr.

Das Material wurde, soweit es nicht an Ort und Stelle vorhanden war, auf dem Inn zugebracht und den Berg hinaufgeführt, wozu ein fahrbarer Weg bestanden haben muß. Schon aus der Ausstattung mit drei Stuben, zu denen nach damaliger Wohnsitte regelmäßig auch je eine oder zwei Schlafkammern gehörten, ist zu rechnen, daß der Bau mit Stiegen, Hallen und Küche, Stallungen und Futterraum ziemlich geräumig gewesen sein muß.

Erzherzog Sigismund scheint sich auch des Jagens und Fischens wegen öfters hier aufgehalten zu haben, so 1474, wie aus dem Raitbuch (Rechnungsbuch) dieses Jahres, S. 237, zu entnehmen ist. Damals war Hans Kaufmann von Schwaz, der am 17. Jänner 1468 einen Vertrag um die Pflege Tratzbergs für 32

Erzherzog Sigismund

Es werden angeführt:

Item zum ersten zehn Armbrust
- ein alter Krapp (?)
- zwo Tarraspüchsen (wohl zum Schießen von den Wehrterrassen)
- drei Hackenpüchsen
- anderthalb Lagel mit Pfeil
- 8 Kugel zu den Tarraspüchsen
- LXXXV Kugel zu den Hackenpüchsen
- Einhundert Kugel zu den Handpüchsen
- ein alt Spanbet[34].

Mark mit Erzherzog Sigismund abgeschlossen hatte[31], Hüter des Schlosses, der auch noch 1472 als solcher bezeugt ist[32]. Um dieselbe Zeit bezeugt übrigens Abt Kaspar von St. Jörnsperg, daß er dem Hans Kaufmann, Pfleger zu Tratzberg, ein Viertel des Waldes verkauft habe, von dem das Stift ein Viertel, Hans Kaufmann bereits ein Viertel, Jakob Tänzl aber die Hälfte innehatte[33]. In Sterzing ist Hans Kaufmanns Wappen an einem gotischen Plafond im hinteren Trakt des Sternbachhauses zu sehen.

1477 ist Anton von Roß Pfleger, der 1480 das Inventar von Tratzberg dem neuen Pfleger Hochprand Sanazeller, auch Sandizeller, einantwortet.

Das angeführte Inventar ist jedoch äußerst dürftig und befriedigt unser Interesse über die Einrichtung für den Aufenthalt des prunkliebenden Erzherzogs in keiner Weise, denn außer einem »alt Spanbett« wird an Möbelstücken nichts erwähnt. Es scheint sich bei dieser Übergabe nur um Waffen gehandelt zu haben, vielleicht hat das Spanbett nur zufällig auch in der Zeugkammer gestanden (s. Marg.).

1481 bestellt Erzherzog Sigismund den Sanazeller sogar auf Lebenszeit als Pfleger, gegen die weitere Verpflichtung, das Schloß jederzeit dem Erzherzog und dessen Leuten offen zu halten, auch mit drei Pferden wohlgerüstet ihm zu dienen wider männiglich. Als Wartgeld und Burghut soll Sanazeller 300 Gulden vom Pfannhaus in Hall ausbezahlt erhalten[35].

Sanazeller war auch Stallmeister Erzherzog Sigismunds[36]; er muß aber mehr Pferdeknechtmanieren gehabt haben, denn von 1485 liegt eine Ladung zu einem Rechtstage an Hochprand Sandizeller vor, auf Ansuchen Hans und Michael die Moser, des Leibschadens halber, so sie von ihm empfangen sollen haben[37]. Auch die folgende Mahnung, die Sigismund am Karfreitag 1485 an ihn ergehen läßt, spricht nicht für sein Verhalten. Es heißt darin: »Wir haben unser Kunden und Poten auf Tratzberg gehabt und werden bericht, wie dasselb Schloss unversehen noch besetzt sei, als du dann deiner Pflicht nach schuldig pist und wo das also beleyben sollte, möchten wir solches nit gedulden, danach wiss dich zu richten[38].«

31 LRAI, Schatzarchiv, Rep. II, 609.
32 Ebd.
33 Tratzberger Archiv, G VI-2.
34 LRAI, Schatzarchiv, Rep. III, 1575.
35 LRAI, Copialbuch, neue R., Band 4, S. 23.
38 Ebd., S. 17.

In seinem Todesjahr (1496) kauft Erzherzog Sigismund noch den Hof unter Tratzberg, jetzt Gassenhof, wie uns die Urkunde vom 25. Jänner 1496 berichtet: Hans Moser und dessen Gattin Anna, Tochter des Zimmermanns Erasmus, beide gesessen an der Klausen unter Tratzberg, bestätigen, von Erzherzog Sigismund 32 Gulden erhalten zu haben für ihr an denselben verkauftes Haus nebst Hofstatt und Anger, an erwähnter Klause gelegen, welche Realität nun vom Käufer zum Schlosse Tratzberg geschlagen werden soll[39]. Durch diese Kaufurkunde ist auch die Klause örtlich bestätigt, wird aber später nie mehr erwähnt.

Der Brand des alten Baues (1490-91)

Am 16. März 1490 hatte Sigismund die Regierung in Tirol König Maximilian überlassen, und Sanazeller, der die Burghut auf Lebzeiten zugesagt erhalten hatte, bleibt weiter auf Tratzberg, bis durch seinen schon von Sigismund gerügten Unfleiß ein Brand das Schloß zerstört. Wann dieser Brand ausbrach, läßt sich nur durch Grenzzeitpunkte vor und nach ihm ermitteln.
Das Konzept, ohne Datum, mit welchem König Maximilian den Leonhard Völlser, Salzmair zu Hall, und Marquard Breysacher instruiert, was sie mit Hochprand Sanazeller in Betreff des Brandes verhandeln sollen, hat folgenden Wortlaut:
»Wir Maximilian etc. … Anfennglich sollet ir Liennhardt Vellser, unser Saltzmayr zu Hall, und Marquardt Breysacher, unser rete, unserm phleger zu Tratzperg Hohpranden Sandizeller sagen unnser gnad und alles guet.
Unnd demnach ertzelen, wie wir warlich bericht sein, daz er durch sein verwarlosung unnd unfleiss unnser gemelt sloß Tratzperg, so ime in phlegweise verschriben ist, ausgebrannt und nit widerumb gepawet, noch unns den schaden, so unns daraus entspringt, widerkeret hat, deszhalben wir aus mercklichen notdurfft unnd den sweren lewffen nach, so yetzo allenthalben sweben, solh sloss zu unnsern selbst hannden zu nemen unnd das widerumb pawen, zu der weer zurichten unnd zu besetzen willens sein, unnd darauf ime von

[39] LRAI, Schatzarchiv, 6208 u. 1761.

unnsern wegen auf das höchst ersuchen unnd bey ime allen fleiß unnd ernnst fürkern, damit er sich genntzlichen darnach richte, daz er unns desselben slosses auf Lichtmess schiriskunnfftig, zu unnsern hannden abtrette, einantwort unnd sich des in kein weg lennger setze noch widere, daz wir unns zu ime versehen unnd genntzlichen darzu verlassen, dardurch daz der mercklichen notdurfft unnd den seltzamen lewffen nach widerumb gepawet, zu der weer zugericht unnd unns unnd unnsern landen unnd lewten deshalben nit schaden zugefuegt werde, so wollen wir ime dargegen mit einer zimlichen provision unnd dinstgeld von haws fürsehen, darauf ihr auch mit ime hanndlen sollet, wie ir das von unns bericht seid unnd das mit gnaden gegen ime erkennen, wie ir dan solhs mit dem pesten fuegen wol wisset zu hanndlen.

Ir sollet auch aigenntlichen besichtigen, was schadens unns mit der prunst unnd in ander wege an Tratzperg beschehen unnd mit was cossten dasselb sloss widerumb gepawet unnd zu der weer zugericht möge werden und wie ir das alles findet unns des fürderlichen berichtet.

Du Leonhardt Vellsser solt auch unnserm bevelch desselben Sanndizellers seiner provision unnd purckhuet halben auf dich ausganngen gestracks nachkumen[40].«

In diesem Konzept heißt Lienhardt »Salzmayr zu Hall«, Völsser kommt aber erst am 13. Dezember 1490 als Salzmair in Urkunden vor. Vor ihm bekleidete dieses Amt Hans Ramung, welcher im September dieses Jahres starb. Dieses undatierte Konzept ist also nach dem 13. Dezember 1490 verfaßt. Anderseits bestellt Maximilian am 13. Februar 1492 bereits den Lamprecht Erlacher aus Schwaz zu seinem Pfleger auf Schloß Tratzberg, so daß für den Brand nur der Zeitraum vom 13. Dezember 1490 bis 13. Februar 1492 bleibt[41]. Maximilian klagt Sandizeller in dem Konzept an, daß er das ausgebrannte Schloß nicht wiederum gebaut, noch den Schaden ersetzt habe. Er muß ihm also zur Schadensbehebung, bevor er Erlacher betraute, immerhin einige Zeit gegeben haben, die dieser untätig verstreichen ließ. So ergibt sich, daß der Brand für den Winter 1490/91 festzulegen ist.

Aus mercklicher Notdurfft und der schweren Läufe wegen, so jetzo

[40] LRAI, Max. XIII, 497.
[41] Transser. d. Abtes v. St. Georgenberg v. 1499 Dez. 17, Urk. 272.

allenthalben schweben (Krieg mit Karl VIII. von Frankreich), will König Maximilian das Schloß gleich wieder bauen und in wehrhaften Stand setzen, weshalb er die eheste Rückstellung der Pflege womöglich auf »schiristkünftig Lichtmess« wünscht. Das kann nur Lichtmeß 1492 sein, und vom 13. wissen wir bereits, daß Maximilian einen Vertrag mit Lamprecht Erlacher aus Schwaz geschlossen hat, diesen so lange in der Pflege zu belassen, bis die 6000 Gulden, für welche er ihm eine jährliche Gülte von 300 Gulden aus dem Pfannhause zu Hall verschreibt, und die 1000 Gulden, die er auf sein (Maximilians) Begehren auf Schloß Tratzberg verbauen soll, zurückgezahlt sein würden. Diese 6000 Gulden scheinen die kapitalisierte Ablösung des Wartgeldes von 300 Gulden gewesen zu sein, die Erlacher vorstreckte[42].

Die Ablösung von Sanazeller, die Leonhard Völlser, ein umsichtiger Mann und später Landeshauptmann in Tirol, durchzuführen hatte, scheint nicht leicht gewesen zu sein; jedenfalls waren auch Forderungen von Sanazeller zu ordnen. So befaßt sich eine Urkunde vom 2. März 1492 mit der Herausgabe der Pfandverschreibung auf Lebenszeit und der Abtretung Tratzbergs an Maximilian.

Aus den landesfürstlichen Rechnungsbüchern ist nicht zu ersehen, ob der neue Pfleger in den nächsten Jahren an Tratzberg etwas gerichtet hat, jedenfalls war Erlacher 1498 schon gestorben, und Maximilian sah sich veranlaßt, von Füssen aus am 26. April dieses Jahres an Erlachers Erben als Inhaber des Schlosses Tratzberg ein Schreiben zukommen zu lassen, worin er sagt, er höre, daß sie, mehr als ihre Notdurft erheische, die Wälder und die Fischerei ausnützen. Daher er sie ernstlich ermahne, »darinn ein ziemlich Mass zu halten«, Wald und Fischwasser nicht mehr so stark in Anspruch zu nehmen, vielmehr das Schloß und was dazugehört ihrer Verschreibung gemäß in gutem Stand zu halten[43]. Diese Mahnung liegt als Konzept vor und zeigt, daß Maximilian über Erlachers Erben ärgerlich war, daher er noch im selben Jahr an einen neuen Wechsel der Pflege denkt und gesonnen ist, Tratzberg dem Veit Jakob Tänzl zu überlassen.

Die Tänzl waren eine der vorzüglichsten Gewerkenfamilien, welche sich durch den damals in ganz Tirol und besonders im Unter-

42 Wie Anm. 41.
43 LRAI, Schatzarchiv, Rep. IV g.

inntal in raschem Aufblühen befindlichen Kupfer- und Silberbergbau großes Vermögen erworben hatten. Sie erscheinen seit der Mitte des 14. Jahrhunderts als Innsbrucker Bürger daselbst begütert und führen seit 1390 das Wappen mit den zwei Schachrösselköpfen, das ihnen 1437 von König Sigismund bestätigt wird[44].

Christian Tänzl, der Vater des Veit Jakob, erwirbt die Weiherburg bei Innsbruck, die er sodann um 1470 an Erzherzog Sigismund verkauft. Laut Wolfskron, S. 283, baut Christian Tänzl aus Schwaz 1481 gemeinsam mit Martin Thonnauer aus Schwaz (dem Ahnen jener Tannenberg, die ein Vierteljahrtausend später Eigentümer Tratzbergs werden sollten) zu Gossensaß auf Erz. Christian Tänzl wird am 5. Juli 1483 geadelt (laut Hauptmatrikelbuch), erwirbt Schloß Moos 1487 um 7000 Gulden von Erzherzog Sigismund, das Christians Tochter Elisabeth ihrem Gatten Firmian in die Ehe mitbringt. 1485 kauft er den Stuetenhof (Stutenhof) unterhalb Tratzberg[45].

Christian stirbt am 18. Februar 1491 zu Schwaz und liegt dort in der Liebfrauen-(Pfarr-)kirche unter dem prachtvollen Marmorgrabstein begraben. (Seine Schwester Helena Tänzlin stellt übrigens auf großen Umwegen eine Verbindung mit der jetzt Tratzberg besitzenden Familie her: Sie heiratet Hans III. Jöchl von Jöchelsthurn – bald nachher übrigens auch Besitz der Familie Enzenberg – ihre Enkelin einen Herrn von Rost, dessen siebente Nachkommin die Gattin Franz Josefs Grafen Enzenberg wurde.)

Christian Tänzls Söhne sind: Veit Jakob, vermählt vor 1496 mit Anna Rindscheitin, und Symon (Sigmund), vermählt mit Genoveva von Laubenberg. König Maximilian I. vermehrte 1502 den Gebrüdern Tänzl ihr adeliges Wappen, und sie wurden 1511 in die Tiroler Adelsmatrikel aufgenommen[46].

Ihre weitere Geschichte wird nunmehr eine Zeitlang und in entscheidender Weise mit der Tratzbergs zusammenfallen. Wie ihr Auftauchen für Tratzberg das Ende der ritterlichen, kriegerischen Periode bedeutet, so bedeutet es dies auch überhaupt für das ganze Unterinntal. Es ist bezeichnend dafür, daß die mit der Geschichte Tratzbergs als Wehrbau verbundenen Freundsberger (Frundtsperger) 1467 das Landesgericht Schwaz an den Landesfürsten verkau-

[44] Archiv Wilten, Zib. I, 534.
[45] Kaufbrief zitiert in Tratzberger Archiv, Urbarbuch von 1714.
[46] Jahrbuch Adler, 1891, S. 142.

fen und nach Mindelheim ziehen. Dr. Erich Egg in seinem Aufsatz »Glanz und Ende des Gewerkengeschlechtes der Tänzl« bemerkt hiezu: »Der Genuß des Gerichtes Schwaz war ihnen durch das Berggericht alle die Vorzugsstellungen, welche die Berggewerkschaften erhielten, verleidet.«

»Ain spanzedel, wie König Maximilian und Veit Jakob Tänntzl auswechselweis ainander zustellen sullen Tratzberg und des grafen von Liechtenstein haus Innsprugk[47]« ist der erste Beleg für die Absicht Maximilians zur Übergabe Tratzbergs an die Tänzl. Das Liechtensteinhaus, das nach Zellers »Denkwürdigkeiten[48]« beim Saggentor gestanden haben soll, scheint damals in Tänzlischem Besitz gewesen zu sein, denn in einer anderen Urkunde derselben Zeit schreibt König Max an Hans von Maltitz bezüglich des geplanten Tausches, er habe von Jakob und Symon Tänzl deren Haus in Innsbruck gekauft. Gleichzeitig liefen auch die Verhandlungen mit den Erben Erlachers über die Ablösung des Pfandes, welches diese auf Tratzberg hatten, um über das Schloß wieder frei verfügen und es den Tänzl einantworten zu können.

Diese Erben der Pfandsumme, die auf Tratzberg lag, waren: Onofrius Erlacher mit einem Viertel, Sebastian Andorfer mit einem Viertel (er war 1510 Baumeister = Zechmeister der Franziskanerkirche in Schwaz, hatte daselbst einen Feinbrennofen), Christian Kaufmann (Sterzing) mit einem Viertel, der Sohn des Hans von Maltitz mit einem Viertel (die Frau von Maltitz' Sohn war offenbar eine Tochter des verstorbenen Erlacher).

Die Schuld betrug 6000 Gulden Hauptgut, die Erlacher zur Ablösung Tratzbergs von Sanazeller vorgestreckt hatte, sowie weitere 4000 Gulden, die Maximilian später noch ihm gegenüber an Schuld aufgelaufen waren, zusammen 10000 Gulden, die aus der Saline in Hall mit 500 Gulden zu verzinsen waren (Pfandbrief des Königs von 1498) und dem in Tratzberg verbauten Kapital.

Von Christian Kaufmann in Sterzing erreichte Maximilian die Zustimmung, daß er sich für sein Viertelteil der Erbschaft mit dem Straßenzoll in Ried unter Straßberg bei Sterzing abfinden lasse und wenn die Einnahmen dort für die Verzinsung nicht ausreichen sollten, er sich auf das Pfannhaus in Hall verweisen lassen wolle.

47 LRAI, Rep. IV q.
48 »Denkwürdigkeiten der Stadt Innsbruck« von Zeller, II, 108.

König Maximilian teilt das in einem Schreiben aus Freiburg vom 18. August mit und beauftragt gleichzeitig den Adressaten und Hans Füeger den Älteren sowie Hans Hartmann, dem Hans Maltitz zu schreiben, daß dieser seinen Sohn veranlassen möge, auch in diese Ablösung zu willigen, und, wenn dies geschehen sei, das Haus der Tänzl dem Kurfürsten und Stadtverwalter Herzog Friedrich von Sachsen, den Tänzl aber das Schloß Tratzberg einzuantworten[49].

Am 25. August schreibt König Maximilian direkt an Hans von Maltitz, seinen Obristbergmeister in den niederösterreichischen Landen, wegen der Ablösung des Anteiles seines Sohnes und erwähnt, daß die drei übrigen Erben bereits zugestimmt hätten, für die 6000 Gulden Kapital 300 Gulden Zins aus dem Pfannhaus zu beziehen und das, was sie am Schlosse verbaut hatten, in Barem zu empfangen[50].

Am 18. Oktober wiederholt der König dieses Schreiben, da er noch keine Antwort erhalten hatte. Schließlich scheint auch Maltitz' Sohn seine Zustimmung gegeben zu haben, und Anfang Februar 1499 (Freitag vor Apollonia) gibt König Max an Hildebrand von Spaur, Pfleger zu Freundsberg, den Auftrag, die Erben Erlachers auf nächsten Sonntag nach Tratzberg zu bestellen und das Schloß dem Jakob und Simon Tänzl zu übergeben, »welche dieses erkauft haben«[51].

Es ist wohl berechtigt, den Freitag vor Apollonia 1499, das ist der erste Tag des Februars, als das Datum der Besitzübernahme von Tratzberg durch die Brüder Veit Jakob und Simon Tänzl anzusehen und damit den ersten Teil der Geschichte von Tratzberg abzuschließen.

---

49 LRAI, Geschäfte vom Hof, f. 84.
50 LRAI, Copialbuch, Bevelch 1498, f. 66.
51 LRAI, Copialbuch, I. Reihe, S. 22.

Schloß Tratzberg

Der Neubau des Schlosses

»1500. Veit Jakob unnd Symon Tänzl geprider haben gepawt das schloss.« So berichtet der Wappenstein, der den Stiegenturm des Neubaues schmückt. Die Jahreszahl bezieht sich jedenfalls auf den Baubeginn. Der Stein kann aber frühestens 1502 dort angebracht worden sein, da die Tänzl erst 1502 Adelstand und die Quadrierung des Wappens erhielten. Der Wappenstein, der an sich schon eine auffallend hübsche Arbeit einer tirolischen Steinmetzschule ist, zeigt zwischen den beiden Helmen noch einen kleineren Schild angebracht, der, ohne historische Begründung, frei zwischen beiden Helmen schwebt. Auf einem einfachen Schild ist ein Adler dargestellt, der sicher weder als Tiroler Adler, noch weniger als das Wappen der Rindscheit (Taube) angesehen werden kann, sondern eher das des römischen Königs sein dürfte, dem die Tänzl, als ihrem Gönner, eine Huldigung darbringen wollten. Auch beide Wappenhalter, die noch auf dem Grabstein ihres Vaters Christian Tänzl als »Wilde Männer« erscheinen, wurden für diesen feierlichen Anlaß der Wappenquadrierung zivilisiert und in Harnische gesteckt.

Der Tausch mit König Maximilian (1499–1502)

Wappenstein am Stiegenturm, 1502

Das Jahr 1499 wird mit Planung und Vorbereitung vergangen sein, so daß erst mit dem neuen Jahrhundert der Hochbau begonnen werden konnte. Aber auch als der Neubau schon bis zur Wappensteinhöhe im ersten Stock gelangt war, scheinen noch immer Änderungen am ursprünglichen Plan des Tausches Tratzbergs mit dem Tänzlschen Haus in Innsbruck in Beratung und Verhandlung gewesen zu sein. Denn obwohl es früher hieß, daß die Tänzl Tratzberg »erkauft« hätten (was sicher insofern zutrifft, als das Geld zur

Tauschurkunde Schloß Tratzberg gegen Berneck (Original 1502)

Ablösung der Erben Erlachers von den Tänzls beschafft worden sein dürfte und der König andererseits das Haus der Tänzl von diesen gekauft hatte), so erfahren wir aus weiteren, die Jagd und Fischerei betreffenden Urkunden, daß Tratzberg gegen das »Schloß Bernegg« getauscht wurde, welches die Tänzl im Kaunser Tal zu eigen besaßen. Laut Urkunde vom 12. Dezember 1497 hatte Maximilian an Jakob und Simon Tänzl die Feste Berneck mit Zubehör, herrschaftlichen Rechten etc. überlassen[52].

Die nunmehrige Rückübertragung des Schlosses Berneck an den König und tauschweise Übertragung Tratzbergs an die Tänzl wird in den oben angeführten Jagd- und Fischereiurkunden bereits als geschehen berichtet. Es sind dies zwei Urkunden des gleichen Datums (24. August 1501), die eine gegeben zu Innsbruck, die andere zu Fragenstein bei Zirl. Mit der ersten dieser Urkunden, welche Unterschrift und anhängendes Siegel des Königs trägt sowie auch das noch nicht quadrierte Siegel der Brüder Tänzl anhängen hat, verleiht der König ausgedehnte Jagdrechte, die fast

52 Fuggerarchiv Augsburg, S. 254, 7.

die ganzen Gerichtsgebiete von Freundsberg und Rottenburg umfassen und nur einige Gebiete am Achensee als Reservatrevier für ihn ausnehmen, den Tänzl auf Lebenszeit des Königs. Dieser übernimmt für die gleiche Dauer die Jagden im Kaunser Tal, die zu Berneck gehören und als seltenes wertvolles Wild den Alpensteinbock beherbergen. Nach dem Hingange des Königs sollen diese Jagdrechte wieder erlöschen und die königlichen Jagden den Erben desselben, die Bernecker Jagd wieder den Tänzl verbleiben[53].

Die andere Urkunde, gegeben zu Fragenstein, ist eine Intimation an die Pfleger der Gerichte Freundsberg und Rottenburg, worin der König mitteilt, daß er »den getreuen lieben Jacoben und Symon den Tänzlen sein Schloss Tratzberg mit seiner Zugehörung in auswechselweis zugestellt« habe, wozu auch die Fischerei auf den Gießen und dem Inn zwischen dem Stanser Bach und dem Jenbach gehöre und daher den Tänzeln an dieser Fischwaid kein Eingriff oder Irrung geschehen solle[54].

Die Grenzbeschreibung der Jagdrechte in der ersten Urkunde ist sehr großzügig und ungenau und zudem die zeitliche Begrenzung

Schloß Berneck bei Kauns

[53] Tratzberger Archiv, G III/I-2.
[54] Tratzberger Archiv, G III/I-1.

so unsicher, daß es begreiflich erscheint, wenn die Tänzl sich damit nicht in sicherem Besitz für die Zukunft fühlen und noch eine Urkunde erbitten, welche den Tatbestand der Erwerbung Tratzbergs und seines Zubehörs als freies Eigentum zu dokumentieren geeignet ist. Dies war wohl der Anlaß, daß erst 1502 ein »Tauschbrief um Tratzberg gegen Berneck« folgenden Inhalts aufgestellt wird, obwohl der Auswechsel schon drei Jahre vorher stattgefunden hatte.

Er lautet: »Tauschbrief umb Trazberg gegen Berneck, geben zu Ernberg am 16. Octobris 1502. Wir Maximilian von Gots gnaden Römischer Kunig etc. Bekhennen für Unns Unnser Erben unnd Nachkommen offentlich mit disen brief und Thuen kunt allermeniglich, dass Wir mit Unnsern gethreuen lieben Jacoben und Simon den Tennzln gebrüedern ainen Ausswechsel umb Unnser Schloss Trazberg gegen Bernegh gemacht unnd inen unnd iren Erben daß gemelt Unnser Schloß Trazberg mit sambt allen unnd jeglichen Ackhern, Gärten, Wissen, Vischwassern, mitsambt dem Giessen zwischen Stanerpach unnd Yhnpach, auch zwischen den Pächen auf dem Yhnn zu fischen, auch Wun (Wiesenland), Wayd, Holz unnd all ander Zugehörung, so von alther unnd yetzo darzue gehört nihts davon aussgenomen, Erblich zuegestelt, auch auss Unnser unnd Unnser Erben Hanndt, gewalt unnd gewähr genomen.«

Die Urkunde ist unterschrieben durch König Maximilian sowie Jacob und Simon die Tänzl Gebrüder und besiegelt.

1518 kaufte übrigens Veit Jakob von Bernhardt Puecher die Au unter Tratzberg vom Tratzberger Gießen hinüber gegen Puech (Buch) hinzu[55] und [56] und arrondierte damit das Gebiet.

Planung und Anlage

Was die Tänzl vom alten Tratzberg vorfanden, dürfte ihren hochfliegenden Plänen in keiner Weise entsprochen haben und ihnen auch nicht umbaufähig erschienen sein. Der Neubau zeigt einen einheitlichen Plan, der wohl von einem erfahrenen Baumeister ent-

[55] Tratzberger Archiv, G VI/7.
[56] Tratzberger Archiv, G VI/12.

*Aus den Schloß-
kellern*

worfen worden sein muß und vom alten Bau wahrscheinlich nur das Material verwendete, um ihn in neuen Formen wieder erstehen zu lassen. Selbst die Grund- und Kellermauern lassen auf keine älteren Bestandteile schließen, als höchstens aus der Zeit Erzherzog Sigismunds – doch halte ich es auch bei diesen für nicht wahrscheinlich, daß sie von dem alten Wehrbau stammen. Immerhin unterscheidet sich der Keller in der Ostecke der Talfront etwas von den Kellern, die sich bis zur Südwestecke anschließen, hat aber mit ihnen gemein, daß an der ganzen Südwand der Keller in größeren Abständen Mauerverstärkungen nach innen vortreten, die wohl als Träger für Gewölbegurten gedacht waren., als solche aber dann unverwendet blieben, weil eine andere Gewölbeeinteilung während des Baues beschlossen worden sein dürfte. Es kann daraus aber nicht erwiesen werden, daß diese Südmauer mit den zwei vorspringenden dreiviertelrunden Erkertürmen und dem mittleren halbrunden Erkerturm in ihrer Anlage aus einer früheren Bauperiode noch übernommen wurde.* Solche runden Ecktürme waren allerdings in der Zeit Erzherzog Sigismunds noch beliebt (Siegmundsburg, Siegmundskron, Lichtenberg, Gandegg, Rodeneck, Münzturm Hall – unten rund, Oberbau polygon –, steirische und

* Die eingehenden bauhistorischen Forschungen, die 1999 im Zusammenhang mit der Erarbeitung eines neuen Schloßführers durchgeführt wurden, erbrachten den Nachweis, daß im Kellergeschoß des Südtraktes sehr wohl ältere Bausubstanz vorhanden ist. Dies geht deutlich aus einem verformungsgerechten Aufmaß hervor, das im Auftrag von Graf Goess-Enzenberg durch das Büro für Burgenforschung Dr. Zeune, Eisenberg im bayrischen Allgäu, angefertigt wurde. Diese ältere Bausubstanz ist bisweilen noch bis zu zwei Meter hoch erhalten, teilweise aus dem gewachsenen Fels gehauen und bildet die Fundamente des heutigen Südflügels. Ob diese Baureste noch von der Gründungsburg stammen, ist aufgrund der wenigen datierbaren Merkmale ungewiß (Joachim Zeune, Roland Möller, Schloß Tratzberg. Europäische Burgen und Schlösser, Heft 2. Europäisches Burgeninstitut, Braubach 2000).

Kärntner Burgen), während die maximilianische Zeit schon die polygone Form vorzog. Die Turmform für Erker ist übrigens ganz eigenartig, mir nur in Tratzberg bekannt, hat höchstens Ähnlichkeit mit den Stiegentürmchen an der Pfarrkirche und Franziskanerkirche in Schwaz und der in Jenbach. Auch in Tratzberg setzen sich diese mit gerundetem Grundriß angelegten Erkertürme in kantiger Form mit schönen Eckquadern in die Höhe fort, so daß wenigstens auf einen Wechsel des Architekten in der ersten Bauzeit geschlossen werden muß. Dieser dürfte mit großer Wahrscheinlichkeit unter den Baukünstlern zu finden sein, die an der gleichzeitig entstehenden meisterhaft schönen Pfarrkirche und der Franziskanerkirche ebenda sowie der etwas älteren Pfarrkirche von Jenbach unter Erzherzog Sigismund beschäftigt waren. Die Nähe des Ortes sowie einige gleiche Steinmetzzeichen in Tratzberg wie in Schwaz sprechen für diese Vermutung.

Es käme da wohl der Meister Christoph Reichhartinger in Betracht, von dem Dr. Erich Egg in seinem Manuskript über die Liebfrauenkirche zu Schwaz ausdrücklich schreibt, daß ihm, der 1502 Werkmeister dieser Kirche war, gleichzeitig der umfangreiche Bau des Schlosses Tratzberg angedungen worden sei. Reichhartinger starb 1514.

Die Durchführung der Planung des Neubaues von Tratzberg, die einen viereckigen Mittelhof mit offenen Laubengängen an der Süd- und Ostseite zu ebener Erde und im ersten Stock vorsah, eine vielfenstrige talseitige Front gegen Süden, dann einen fast ebenso langen Ostflügel, der mit der geräumigen Schloßkapelle abschließt, sowie einen ebenfalls in rechtem Winkel an die Südfront anstoßenden Westtrakt, beanspruchte einen Bauplatz, der an der steilen Berglehne nicht gegeben war und daher erst durch starke Aufmauerung des felsigen Hanges gewonnen werden mußte. Das Material wurde offenbar soweit als möglich vom alten nebenliegenden abgebrannten Bauwerk genommen, alles übrige den Berg herauf über den alten, steilen Weg zugeführt.

Der verwendete schöne Konglomeratmarmor kommt von einem Bergsturz des Sonnwendjoches gegen das Inntal und wurde dort bei Kramsach in großen Stücken ausgegraben. Die Sandsteine für

Treppenstufen und Rippengewölbe in der Kapelle, für Mittelerker und für Wappensteine kamen aus der Seefelder Gegend, der Sand zum Mauern vom Stanser Bach, und das Wasser wurde wohl schon damals von St. Georgenberg hergeleitet, da andere brauchbare Quellen nur am Fuße des Berges vorhanden waren.

Vom alten mittelalterlichen Tratzberg ist nun nichts mehr zu sehen als der Platz, wo es gestanden hat und wo grasbewachsene Böschungen östlich des Schlosses verschüttete Mauerreste vermuten lassen, sowie die alte Zisterne, welche mit großen Kosten, aber vergeblich, aus dem Felsen gesprengt worden war, denn man kam selbst in der Tiefe der Talsohle nicht auf die gesuchten Wasseradern. Sie war nach dem Bergwerksbuch von Sperges die tiefste Zisterne von Tirol. Da man aber vergeblich gehofft hatte, in der Tiefe Wasser zu finden, und sie daher höchstens zur Sammlung von Regenwasser dienen konnte, wurde sie später bis wenige Meter unter den Rand herauf mit Material zugeschüttet. Auch eine Abbildung des alten Wehrbaues ist uns nirgends erhalten.

Der Weg zum Bauplatz herauf war seinerzeit steil und führte zum Schlusse sogar wieder etwas abwärts zum Bau, so daß der Aufwand an Kosten und Kräften außerordentlich groß gewesen sein muß, um die Unterbauungsmauern und die auf der Westseite, wo die Einfahrt ist, fast vier Meter dicken Mauern zu erstellen.

Das äußere Schloßtor ist im Rundbogen, der innere Torbogen, wie auch alle Laubenbögen zu ebener Erde im Hof, im Spitzbogen gebaut. Erst später, als auf der Hofseite Ilsung das Marmorportal hier anfügte, meißelte man diesen Spitzbogen des Tores zum Rundbogen aus, doch blieb von der gotischen Abfasung ein kleines Stück am Scheitel noch übrig, das uns diese spätere Änderung verrät.

In dieser Bauzeit scheint König Max nach Tratzberg gekommen zu sein. Das 28. Abenteuer des Theuerdank, in dem Max, um seine Schwindelfreiheit zu zeigen, auf einen Rüstbaum hinaustritt, wird von Burglechner in Tratzberg lokalisiert[57]. Wenn auch der Kommentar zum Theuerdank von Melchior Pfinzing Tratzberg nicht nennt, sondern nur allgemein das Unterinntal als Ort der Begebenheit angibt, so sprechen doch für Burglechners Behauptung der Umstand, daß in der Zeit, in der das Ereignis sich zutrug (etwa zwi-

[57] Tiroler Adler, I. Teil, 13. Buch, 14. Kapitel.

schen 1480 und 1500), nur von Tratzberg bekannt ist, daß es im Bau befindlich war, und die Worte: »dann als man dassölbige Haus hat neuerlichen aufgebaut«, passen gut zu dem Umstand des vorausgegangenen Brandes. Die Auswahl unter den Schlössern des Unterinntals ist übrigens nicht groß, zumal die damalige Grenze gegen Bayern schon mit der östlichen Gerichtsgrenze von Rottenburg bei der Mündung des Zillertales verlief. Prof. Busson, ehemals Vorstand des Museums Ferdinandeum, der auch über das Abenteuer des Kaisers Max auf der Martinswand schrieb, schloß sich schon 1888 in einer Korrespondenz mit Artur Graf Enzenberg voll dieser Argumentation an. In einem Aufsatz »Schloß Tratzberg« von Albert Sikora (Tiroler Bote, 1903, Nr. 216) sagt der Verfasser: »Gewiß hielt er (der Kaiser) sich oft dort auf, doch konnte ich ihn nur am 11. und 12. November 1518 dort nachweisen.«

Diese Tradition hat sich auch in der Familie Tänzl erhalten (nach Mitteilung von Toni Freiin von Tänzl, der Letzten des Geschlechtes); dieser gemäß sollen damals, anläßlich eines Festbanketts zu Ehren des Kaisers, in der Maximilianstube von Tratzberg Inschriften angebracht worden sein (die jedoch größtenteils von späterer Zeit datiert sind). Woraus der Nachweis für diese Tage entnommen ist, verrät uns Sikora leider nicht, aber auch ohne dokumentarischen Beleg genügt die alte Tradition der Bezeichnung als Maximilianzimmer in alten Inventaren sowie die Tatsache, daß die Tänzl dem Kaiser zu Ehren seinen Stammbaum in Tratzberg malen ließen, außerdem die Jagdreservate in den Tänzlschen Jagden, um an dem Aufenthalt des Kaisers nicht zu zweifeln.

Nach acht Jahren Bauzeit war das Schloß so weit fertig, daß die drei Altäre der Kapelle durch den Weihbischof Konrad Reichhard geweiht (laut bischöflichem Visitationsprotokoll von 1645) und ein großer Ablaßbrief für das Schloßkirchlein zur heiligen Katharina ausgestellt sowie die Stammbaummalerei in Arbeit gewesen sein konnte.

Der Luxus und die Prunkliebe der Erbauer des neuen Schlosses kommt hauptsächlich zum Ausdruck in den ungewöhnlich vielen und großangelegten Räumen, den breiten Gängen, der Verwendung edlen Baumaterials für Portale und Säulen, schönen Fladerholzes für Wandschränke, künstlerischen Schnitzarbeiten daran, prächtigen Eisenarbeiten für Türschlösser und Türbänder, den schön bearbeiteten Tramhölzern der Oberböden und Vertäfelungen, den großen Öfen oder offenen Kaminen, wie auch den großen und vielen Fenstern, welche reichlich Licht für die tiefen Raumverhältnisse spenden.

Die konstruktiven Formen des Tänzlbaues sind noch gotisch, die Weiträumigkeit und Einheitlichkeit der Anlage aber zeigen bereits das Eindringen einer neuen Zeit und durch blühenden Handel und erworbenen Reichtum rasch gestiegenen Luxus der Lebensweise.

Verteidigungsanlage und Wohnbau

Der Zweck der Verteidigungsanlage mittelalterlicher Burgen ist beim Neubau von Tratzberg gegenüber der Wohnlichkeit schon sehr in den Hintergrund gedrängt.

Zwei Kanonenschießscharten links und rechts über dem Einfahrtstor beweisen zwar, daß man bereit war, sich zur Wehr zu setzen, und über dem Tor dürfte wahrscheinlich statt des derzeitigen Fensters eine Pechnase zur Verteidigung bestanden haben, wie auch unter dem Dachrand, als Abschluß, ein Wehrkranz, wie er am Osttrakt noch besteht. In der Durchfahrt zum Hofraum sind noch im Gewölbe zwei Gußlöcher, aus denen man vom ersten Stock aus das zweite Tor in den Hof verteidigen konnte, wenn das erste bereits eingerannt war.

Das erste Tor konnte durch zwei horizontale Schubbalken und noch durch einen dritten Balken, der senkrecht vom ersten Stockwerk hinter die zwei Querbalken heruntergelassen wurde, weiter verstärkt werden. Das Tor selbst ist mit Eisenplatten beschlagen und hat ein kleines Türchen in der Mitte, ein sogenanntes Mannsloch. Auch das Hoftor konnte für gewöhnlich geschlossen gehalten und nur durch ein kleines Türchen daneben der Durchgang freigegeben werden, von welchem eine Nische noch erhalten ist. Der Osttrakt konnte durch Schießscharten für kleine Kanonen von dem vorspringenden Teil des Kapellenraumes aus und von dem

Schloßeinfahrt mit Blick in den Hof

schon genannten Wehrkranz unter dem Dachrand sowie von einer »Treppen«-Schießscharte am Dachboden des östlichen Erkerturmes aus mit Geschützfeuer bestrichen und verteidigt werden.

Auf den Zwinger der Südfront münden einige Schießscharten von den Kellerräumen der Erkertürme und auch vom Dachgeschoß des mittleren dieser drei Türme.

Der heutige Eingang vom Hof in den (hofseitigen) Stiegenturm bestand noch nicht, man mußte den Turm innerhalb der Arkaden betreten.

Ein hölzerner Wehrkranz, wie er hier auf Tratzberg den dahinter befindlichen zinnenartigen Mauerstellen, die das Dachgebälk tragen, auf Holzträgern vorgelagert ist, findet sich selten erhalten. Die gleiche Konstruktion ist mir nur im Schlosse Moosham bei Mauterndorf bekannt, ähnlich an einem Eckturm in Schloß Prösels und am Schloß Frauenstain in Kärnten des Moriz Welzer, der eine Tochter Tänzls zur Frau hatte.

Außer diesen Verteidigungsmöglichkeiten war noch durch eine geheime Treppe in der Mauerdicke, die vom ersten Stock in die Kellerräume und durch diese zu einem unterirdischen Ausgang in den Zwinger führt, für Fluchtmöglichkeit vorgesorgt, und die Falltreppe von der Maximiliankammer im zweiten Stockwerk in den Saal über dem Tor (Jagdsaal) diente wohl demselben Zweck.

Bisher wurden vom Tänzlschen Bau nur der Ost-, Süd- und Tortrakt der Westseite besprochen. Wie der Hof vom Tor ab gegen Nordwesten und Norden geschlossen war, ist aber nicht bekannt. Daß er geschlossen war, ist sicher, da sonst die Verteidigungsanlagen der Tore keinen Sinn gehabt hätten. Wahrscheinlich schloß eine starke Mauer, an der hofseitig Ökonomiegebäude angebracht waren, zuerst den Hof ab. Sie war vielleicht mit einem Wehrgang

Tänzl-Wehrkranz gegen die Kapelle

versehen. Für die Nordseite ist solch ein Abschluß als Rest noch feststellbar: der um die Kapelle herumlaufende Wehrkranz setzt sich nämlich (jetzt unter dem Dach des späteren Propsteitraktes) auch an der Nordwand des Hofes noch ein kurzes Stück fort und dürfte damals wohl den Anschluß bis zum Westtrakt gehabt haben. Es wäre eine Art »Mantelmauer« gegen den Berghang dahinter gewesen mit Wehrkranz nach außen und Wehrgang nach innen. Wie sich diese Abschlußmauern jedoch in der Nordwestecke (jetziger Propsteistiege und Rondellturm) trafen, dafür ergeben sich keinerlei Anhaltspunkte. Diese Ecke mit dem Rondellturm bestand aber sicher schon vor Übernahme Tratzbergs durch Ilsung 1554, ist im Inventar von 1592 als »Pfleghaus« (Verwalterhaus) bezeichnet, wurde aber wohl erst von Ilsung um ein Stockwerk erhöht.

Die Räume zu ebener Erde des Hofes liegen alle auf gleicher Höhe. Die Zimmer und Säle des ersten Stockwerkes zeigen nur kleine Niveaudifferenzen. Einen zweiten Stock bauten die Tänzl aber nur im Osttrakt und im östlichen Teil des Südtraktes (Tänzlzimmer mit Tänzlhalle und Hofmeisterzimmer) sowie im Westtrakt die Maximilianzimmer. Dies ergab große Höhenunterschiede für den Dachboden. Dementsprechend war die Dachkonstruktion für diese Schloßteile verschieden. So wird die Kapelle ein Dach für sich gehabt haben bis zur Feuermauer zwischen Kapelle und Tänzl-

Karte der Hofmark Lichtenwert, Münster und Umgebung, Aquarell von 1611, Ausschnitt mit Tratzberg

zimmerdachboden. Von dieser Kapellenfeuermauer ging der hohe mehrstöckige Dachstuhl als Satteldachkonstruktion bis an die Südfront und scheint dort mit einer Giebelmauer gegen das Tal zu geschlossen gewesen zu sein. Dies läßt sich aus der Konstruktion schließen sowie aus der kleinen Abbildung von Tratzberg aus der Zeit nach 1600 auf der Karte des Unterinntales im Archiv von Lichtenwerth bei Herrn von Inama.

Von den Hofmeisterzimmern ab war ein niederer Dachstuhl wieder als Satteldach durchgehend bis zur Westfront angeschlossen, der ebenfalls gegen Westen mit einer Giebelmauer (vielleicht abgewalmt) geschlossen war, wovon uns keine Abbildung, wohl aber die alte Dachrinne erzählt, die noch am Dachboden vor dem Turmwärterstübl auf Rinnenträgern an der Wand zum Vorraum vor dem Maximilianzimmer liegt.

Das vierte Satteldach (wahrscheinlich auch abgewalmt) deckte dann die Maximilianzimmer mit ihrem Vorraum und schloß auch gegen Nord und Süd mit Giebelmauern.

Ebenso trugen Dächer für sich die Stiegen- und Erkertürme, soweit sie nicht in die Satteldächer einschnitten.

Gegen Brandgefahr war diese Abgrenzung der Dächer gut, und auch das burgenartige Bild muß durch sie malerisch belebt gewesen sein. Für die Niederschläge bot diese Konstruktion aber zu viele Stellen, an denen der Schnee, vom Wind zusammengeweht und abgerutscht, sich stauen und das Schmelzwasser eindringen mußte.

In der erwähnten Giebelwand gegen Westen (im Dachboden vor dem Turmwärterstübl) waren zwei kleine Fenster – wie am selben Dachboden solche gegen das Tal zu vorhanden sind – und zwischen ihnen eine größere Lücke oder ein Türchen.

Die größere Lücke in der Mitte zwischen den beiden anderen Öffnungen hatte wahrscheinlich denselben Zweck wie die gleichartige Öffnung am Dachboden ober den Tänzlzimmern, die ihre Erklärung in der Aufzugsvorrichtung findet, die am Dachboden noch vorhanden ist und auch noch gelegentlich in Verwendung steht. Die in alten Inventaren verwendete Bezeichnung »Dreh-« oder »Drakenstübl« für den heute Turmwärterstübl genannten Raum, ist wohl von der »Dreh-« oder Ziehvorrichtung (lateinisch trahere, niederdeutsch trekken) abgeleitet, die dort stand, um bei dieser Lucke schwere Sachen mittels eines Kranes heraufzuziehen. Von diesen drei Öffnungen wurde später aus Rücksicht auf die Symmetrie der Westfront nur das Mittelfenster belassen, doch sind die Spuren der beiden anderen noch heute am äußeren Verputz zu erkennen.

Der Tortrakt mit den Maximilianzimmern hat kleinere Fenster und stärkere Fenstergitter, als wir sie sonst im ersten Stockwerk finden. Auch sind die Fensterumrahmungen aus Kalkstein, während sie sonst aus rötlichem Marmor gearbeitet sind. Ich glaube aber nicht, daß man daraus etwa auf ein höheres Alter dieses Traktes schließen darf (eventuell auf einen sigmundischen Bau), sondern daß dies nur damit zusammenhängt, daß diese Front die Angriffsseite war. Der jetzige mauerumfangene Platz vor dem Schloß bestand zur Tänzlzeit nicht; der Tortrakt fußte auf felsigem Grund, der rasch abfiel und nur vom Waldweg her die Einfahrt in scharfer Wendung ermöglichte.

Die Wasserversorgung betreffend wird in späteren Inventaren[58] von einem Brunnen im Hof gesprochen, der wohl schon von Anfang an dort bestanden haben dürfte und dessen Abwasser gleichzeitig die Kanalisation der südseitigen Abortanlagen bewerkstelligte.

---

58 Inventar, Fuggerarchiv Augsburg, S. 57, 1, 5 (1594), und Beschreibung von 1657, Tratzbergarchiv, G VI-27.

Allerdings ist die heutige Zuleitung aus dem Georgenberger Bach oberhalb des Klosters St. Georgenberg urkundlich zuerst erwähnt in der Originalurkunde vom 2. November 1626, mit welcher der Konvent des Klosters an Stelle des während der Unterhandlungen verstorbenen Abtes Christophorus dem Ansuchen des Herrn Georg Fugger um Gestattung der Zuleitung nach Schloß Tratzberg stattgibt. Auch ist in dieser Urkunde nicht von einer früher etwa tatsächlich erfolgten Zuleitung die Rede. Eine solche muß aber wohl angenommen werden, da der Zisternenbau seinerzeit fehlgeschlagen war und sonst in der Nähe offenbar nirgends ständig fließende Quellen vorhanden waren, andererseits aber schon der Neubau und der dadurch bedingte erhöhte Wasserverbrauch und der Bedarf einer größeren Bewohnerzahl eine Versorgung durch Zufuhr vom Tal her ungenügend erscheinen läßt.

Wenn wir uns nun eine Vorstellung von dem äußeren Bild Tratzbergs zu Ende der Tänzlzeit machen wollen, müssen wir vor allem bedenken, daß sich eine scharfe Trennungslinie gegen die Bauten der späteren (Ilsung-)Zeit deshalb nicht ziehen läßt, weil Ilsung das Schloß eben in unfertigem Zustand, gewissermaßen mitten im Bau übernommen hat.

Rekonstruktionsversuch des Tänzlbaus von Südwesten (vom Verfasser)

Daß es aber damals einen mehr burgartigen und wehrhaften Eindruck gemacht hat, steht außer Zweifel. Machtvoll müssen sich Ost- und Westtrakt über die anderen Teile der Schloßanlage erhoben haben, und die vielen Giebeldächer müssen dem ganzen Komplex ein weniger einheitliches, dafür aber belebteres Aussehen gegeben haben.

Innere Einteilung des Tänzlbaues

Zu ebener Erde, vom Hof aus zugänglich, finden sich im West- und Osttrakt gewölbte Räume, welche als Stallungen und Vorratsräume bestimmt waren. So waren unter der Kapelle der große und anschließend der kleine Roßstall, sodann Fleischgewölbe und Waschküche. Neben der Einfahrt war ein großer Raum mit einer Kalksteinsäule in der Mitte, die das Gewölbe trug, als Vorratsraum in Gebrauch, wo nach den Inventaren der Fuggerzeit auch das Tafelgeschirr und Zinn untergebracht war.

Die ebenerdigen Räume in der Südfront, die unterkellert ist, enthielten Wohnräume, weiters die Schloßküche, die Waffenkammer, Jägerstube und Jägerkammer sowie noch einen Raum mit Feuerstelle. In der Nordwestecke und im Nordtrakt (soweit vorhanden) waren die gewölbten Erdgeschoßräume als Wirtschaftsräume und Kuhstallung verwendet. In der Südostecke des Hofes führt ein viereckiger Stiegenturm mit bequemer Treppe in die oberen Stockwerke, desgleichen in der Südwestecke ein Wendeltreppenturm, »Maximilianschnegg« genannt, die beide bis zum Dachboden reichten.

Die Einteilung der Wohnräume hält sich an eine Regel, die in Tratzberg in sechsmaliger Wiederholung auffällt; ja sogar ein siebentes und achtes Mal war diese Einteilung vorhanden, jedoch sind die beiden letzteren Wohnungen später geändert worden. Diese Wohnregel bestand darin, daß zu einer Stube – das ist der heizbare Wohnraum – ein oder auch zwei anschließende, nicht heizbare Räume als Schlafkammern eingeteilt wurden.

In der Stube befand sich der Kachelofen, der, weil von außen zu hei-

Fuggerstube: Ofen, Handtuchständer und Waschkasten

zen, auch immer an der Eingangstürwand zu stehen kam. An den Wänden der Stuben waren Sitzbänke (die manchmal auch gleichzeitig Truhen waren) mit dem Getäfel verbunden; vor ihnen standen bei den Fenstern Tische; Wandkästchen waren in die Mauern eingebaut und eine Waschgelegenheit, die, wie auch ein Handtuchträger, womöglich ganz nahe beim Ofen ihren Platz fanden. Da der Ofen an der Eingangswand stand, kam auch der Waschkasten in die Nähe der Eingangstüre, was das Wasser-Zubringen und -Austragen bequemer gestaltete. Das Waschen in der Stube ergab sich ganz natürlich aus dem Umstand, daß die Schlafkammer im Winter zu kalt war, ja das Wasser sicher gefroren wäre.

Die Schlafkammern hatten keine umlaufenden Bänke, denn der Platz war nötig für Betten, Wäsche- und Kleidertruhen und auch Kästen.

Stube und Kammern bildeten eine Zimmergruppe, für die in nächster Nähe auch ein »geheimb Gemach« vorgesehen war (die in die freie Natur mündenden, außen an die Wände angebauten sogenannten »Schwalbennester« für diesen Zweck waren zur Zeit des Baues von Tratzberg, als mit der vorgeschrittenen Wohnkultur nicht vereinbar, nicht mehr üblich). Diese enge Zusammengehörigkeit von Stube und Kammern ist in allen Burgen und Schlössern, die noch die alte Raumeinteilung aus dem 15. und 16. Jahrhundert erhalten haben, erkennbar und bildet bis zur Renaissancezeit die Regel, wenn auch Ausnahmen manchmal vorkommen.

In Tratzberg, wo die Räume ungewöhnlich groß und hoch sind, genügte es, um der Schlafkammer auch etwas warme Luft von der Stube zuzuführen, nicht, die relativ kleine Verbindungstüre offen zu halten; daher wurden in der Höhe der Wand zur Kammer noch kleine Fensterchen angebracht, welche die warme Luft der Stube besser mit dem Nebenraum zirkulieren ließen. Eigenartig sind in Tratzberg kleine Fensteröffnungen nahe unter dem Plafond, die zur Erhellung des Raumes nicht gedient haben können, sondern eher den Abzug des Rauches, wenn der Ofen nicht gut zog, ermöglichen sollten.

Zwischen einer solchen Zimmergruppe und der nächsten war dann ein kleiner Vorraum, ein Vorsaal oder ein Festraum gelegen.

Ausstattung der Zimmer durch die Tänzl

Um die künstlerische Ausgestaltung scheint sich besonders Veit Jakob Tänzl bemüht zu haben, der mit Anna Rindscheit, Tochter des Andree Rindscheit aus der Steiermark, verheiratet war, wie daraus zu schließen ist, daß das Rindscheitische Wappen (eine Schwalbe mit weißer Brust auf goldenem Schild) in Verbindung mit dem Tänzlischen fünfmal angebracht ist, während das Wappen der Frau des Simon Tänzl, einer Laubenberg, nur auf einem Gewölbeschlußstein der Kapelle und auf einem Schlußstein im Erker des Habsburgersaales erscheint. Sie führte drei silberne Lindenblätter in schräger Reihe in rotem Schild.

Die Steinmetzarbeiten aus der Tänzlischen Bauzeit zeichnen sich durch meisterhafte Ausführung architektonisch genial erdachter Entwürfe aus. Die Gotik hatte zu dieser Zeit die Profilierung von Gewölberippen, Wandstreben, Torgewänge, Portalen, Pfeilern und Säulen zu reichster Mannigfaltigkeit gebracht, wobei dann die Entwicklung und das Herauswachsen dieser Profile aus der einfachen Basis zu reizenden Lösungen führte. Besonders kompliziert wurde die Aufgabe dort, wo solche Profile in spitzen, stumpfen oder rechten Winkeln oder in krummer Linie einander trafen, dann aber nicht wie abgeschnittene Stücke aufeinanderstießen, sondern in gegenseitiger Durchdringung der Linien und Flächen dem Bauzeichner und dem ausführenden Steinmetz die schwierigsten Probleme zur Lösung stellten. Das Prinzip dieser gegenseitigen Durchdringung der Linien, Flächen, Rundstäbe wurde mit pedantischer Genauigkeit erdacht und ausgeführt und ließ, wie der Entwurf eines Maßwerkes, keine Willkür zu, sondern baute sich mit metrischer Logik und Genauigkeit auf, wie wir dies in der Natur am ähnlichsten in der gegenseitigen Durchdringung von Kristallen finden können.

Manchmal scheint diese Art fast die Grenzen zu überschreiten, die der Steintechnik angemessen sind, und der Holzkonstruktion näherstehende Formen anzunehmen, ja mit konstruktiven Ideen geradezu zu spielen; im Maximilianzimmer ist ja auch dieselbe Art der Säulenbehandlung an einem Holzpfeiler angewendet. Immer aber wird der leitende Gedanke auf das Gewissenhafteste konsequent durchgeführt.

Als Beispiele seien die Säule im Jagdsaal und die linke Säule im Erker des Königinzimmers erwähnt: An ersterer schneiden sich bei der Verjüngung vom unteren zum oberen Teil die vertikalen Kanten des achteckigen Unterteiles mit den die Säule gliedernden horizontalen Einkerbungen. Der Steinmetz fühlte sich nun verpflichtet, die vertikalen Kantenlinien an dieser Stelle keineswegs abzubrechen, sondern in der umlaufenden Vertiefung wieder sichtbar werden zu lassen, wenn auch so schwach, daß es nur einem sehr aufmerksamen Betrachter auffallen muß. Trotz dieser geringen Wirkung wurde bei allen acht Verschneidungen dieser Linien die große Mühe nicht gescheut, diese für den Steinmetz subtile Aussparung der Kantenteilchen durchzuführen, die beim Schleifen und Polieren nur hinderlich waren und für das Auge des Beschauers fast ohne Wirkung blieben.

Die andere Säule (im Königinzimmer) zeigt an der Basis ebenfalls in der Höhe, wo die Verjüngung des größeren Sockelteiles zum schlankeren oberen Schaft übergeht, an den glatten Seitenflächen des Achteckes kleine Erhöhungen in Form von kurzen Prismen, die, ebenfalls für das Auge fast wirkungslos, geradezu gesucht oder gegriffen werden müssen und nur aus prinzipiellen Erwägungen eine geometrische Verschneidung von Flächen zur Geltung bringen wollen, die sich bei der Verjüngungskonstruktion ergibt. – Es ist wahrscheinlich nicht zu viel gesagt, wenn ich annehme, daß diese Freude des damaligen Steinmetzmeisters an solchen Spitzfindigkeiten über 400 Jahre lang nicht mehr beobachtet oder beachtet worden war.

Sie zeigen wohl das tiefe Gefühl der Gotik für das Naturhaft-Gewachsene, ihre Abneigung gegen jeden willkürlichen Bruch, wie es auch in der schönsten ihrer Säulenschöpfungen auf Tratzberg, der Mittelsäule des Habsburgersaales, zum Ausdruck kommt.

Habsburgersaal, Mittelsäule

Von den übrigen Säulen sei noch besonders die in der Jägerstube im Parterre erwähnt, die sich von den anderen durch ihren kannelierten Schaft und die hübschen, wappenartigen Seitenflächen des Kapitells unterscheidet.

Tratzberg dürfte das einzige Schloß sein, das derartige Steinsäulen als Stützen für Holzdecken aufzuweisen hat; am meisten Ähnlichkeit mit ihnen findet sich an gotischen Bildstöckeln aus dieser Zeit. Auch die gotischen Marmorportale zeigen an die Säulen erinnernde Feinheiten – das schönste ist wohl dasjenige, das von der Fuggerstube in deren Erker führt (siehe Farbteil, Abb. 10) und große Verwandtschaft mit dem besonders reichen, schönen Marmorportal zu der Sakristei der Schwazer Pfarrkirche und zwei sehr schönen Portalen in Schloß Matzen aufweist.

Leider entdecken wir gerade bei diesen hervorragenden Marmorarbeiten in Tratzberg fast keine Steinmetzzeichen, während die meisten einfachen Tür- und auch Fensterstöcke solche aufweisen.

Nur das Erkerportal im Fuggerzimmer, das Portal in der Rüstkammer sowie das Hofportal zur Maximilianwendeltreppe tragen an gut sichtbaren Stellen das nebenstehend abgebildete Zeichen, welches mir aber unter der Menge gesammelter Steinmetzzeichen sonst nicht untergekommen ist.* Es dürfte das Zeichen des Jörg Steyrer gewesen sein, der die Steinmetzwerkstätte in Kramsach führte und dort den Hagauer Marmor so schön bearbeitete. Das dem Jörg Steyrer zugeschriebene Seitenportal der Pfarrkirche zu Rattenberg zeigt auffallende Ähnlichkeiten mit dem Tratzberger Kapellenportal, so daß Dr. E. Eggs Behauptung im »Schlern«, 31. Jg., 1957, 3. u. 4. Heft: »Die Hagauer Steinmetzen«, wonach die Vermutung, daß die Tratzberger Säulen, Portale und auch das Sakramentshäuschen aus der Werkstatt des Jörg Steyrer stammen, wohl berechtigt sein wird. Ganz genau wiederholt sich übrigens nur ein Steinmetzzeichen von der Rüstkammertüre und dem Erkerportal in Tratzberg an den Portalen der Pfarrkirche in Schwaz – ein anderes von den großen Arkadenbögen im Hof von Tratzberg seitenverkehrt an Kirchportalen in Schwaz. Alle anderen sind, trotz größter Ähnlichkeit, doch verschieden.

Hier sei noch bemerkt, daß diese Steinmetzzeichen nicht willkürlichem Gekritzel entstammen, sondern nach einem geometrischen Schema (Schlüssel) Kreisen und Geraden entstanden sind, das Proportionen und Winkelverhältnisse dieser Zeichen genau diktiert; sie sind ebenso an ein solches geometrisches Schema gebunden, wie die Maßwerkmuster.

Nicht weniger liebevoll erfunden und ausgeführt sind die Schlosserarbeiten. Die Türschlösser um 1500 bestanden normalerweise aus einer Eisenplatte von geschweifter und verzierter Form (Schloßplatte), die außenseitig an der Tür angeschlagen wurde und auf der Innenseite den Mechanismus, in die Dicke der Türe vertieft, trug. Hinter der Eisenplatte war die Holztür so weit ausgestemmt, daß der ganze Mechanismus in ihr verschwinden konnte, während an der Innenseite nur zwei Hebel vorschauten, mit denen man von innen das Schloß öffnen konnte, während dazu von außen ein Schlüssel nötig war.

In der Regel bestand der Mechanismus aus dem Riegel, der von

* Im Zuge der bauhistorischen Untersuchungen im Jahr 1999 wurden alle Tür- und Fenstergewände nochmals unter Schlaglicht sorgfältig auf Steinmetzzeichen untersucht. Dabei konnten insgesamt dreizehn verschiedene Steinmetzzeichen für die Bauphase um 1500 entdeckt werden. Diese kommen im neuen Schloßführer von Roland Möller und Joachim Zeune zur Veröffentlichung.

außen nur mit dem Schlüssel auf und zu gemacht werden konnte, und der Falle, die mit dem Drücker (oder Klinke) ebenfalls von außen bedient wurde. Von der Innenseite wurden Riegel und Falle nur mit den erwähnten Hebeln (manchmal die Falle auch mit einem Drücker) geöffnet und geschlossen, den Schlüssel benötigte man aber nur von der Außenseite des Schlosses.

Dieses einfache System kommt jedoch auch in komplizierterer Form vor, je nach der Aufgabe, die das Schloß zu erfüllen hatte. Um von der Innenseite nicht verschiedene Hebel bedienen zu müssen, wurden Konstruktionen erfunden, bei denen dort nur ein Hebel drehbar angebracht wurde, mit dem man den Riegel und die Falle einzeln oder gemeinsam öffnen oder schließen konnte. Diese Schlösser waren dann auf der Schloßplatte mit einer geheimen Vorrichtung versehen, um auch von außen durch Drücken auf einen Nagelkopf das Schloß ablassen (sperren) zu können ohne einen Schlüssel verwenden zu müssen (Maximiliankammer, Turmwärterstübl, Habsburgersaaltüre und Türe vom Hof zur »Maximilianschnegg«). Auch für Kastentürchen wurden solche Schlösser gemacht, die mit einer verzierten Schloßplatte von außen angeschlagen wurden, doch zog man es für letztere meistens vor, den ganzen Schloßmechanismus auf die Innenseite der Kastentüre zu verlegen, da deren Dicke nicht genügte, um den Mechanismus des Schlosses in sich aufzunehmen.

Türverschlüsse ohne Federn, wie an der Türe von der Hofmeisterstube zur Hofmeisterkammer sowie am Abort in der Ilsunghalle werden von J. v. Hefner-Alteneck: »Eisenwerke und Ornamente der Schmiedekunst des Mittelalters«, Blatt 59, als große Seltenheit bezeichnet.

Daß man Türschlösser von innen und außen mit einem Schlüssel sperren und öffnen konnte, war bis Ende des 18. Jahrhunderts nicht üblich und um 1500 nur dort vorgesehen, wo auch das Öffnen und Sperren der Türe von innen nicht jederzeit jedermann möglich sein sollte; so z. B. bei der Pforte des Franziskanerklosters in Schwaz und bei der Kapellentüre in Tratzberg. Dies hatte wohl darin seinen Grund, daß die technische Konstruktion eines Schlüsselgehäuses, in welchem es möglich war, den Schlüssel mit seinem komplizierten Schlüsselbart von der inneren und äußeren Seite anzustecken, eine sehr große Erschwernis bedeutete.

Der kunstgewerbliche Reiz dieser Schlösser liegt der Hauptsache nach aber in der Ausgestaltung der Schloßplatte. Die Dekoration bestand meist in einem erhabenen Rand, der die Platte einfaßte, gleichzeitig versteifte und an den drei ausgeschweiften Enden der Platte in Drachenköpfen, Eicheln oder Blättern endet.

Eine weitere Zierde war der sogenannte Schlüsselfänger, der nie fehlte, um auch bei Dunkelheit leicht den Schlüssel am richtigen Fleck ansetzen zu können. Er gab dem Schlüssel fast automatisch die Richtung zum Schlüsselloch und verzierte mit seinem kunstvoll gearbeiteten Blätter- oder Astwerk die Schloßplatte, die, rot, blau oder grün gestrichen, eine farbige Unterlage für die verzinnten Dekorationen bildete (alle Dekorationsteile und die Klinken waren nämlich verzinnt). Durchbrochen gearbeitete Enden der Schlüsselfänger waren dann noch durch untergelegtes farbiges Papier separat hervorgehoben. Es war in Tratzberg zu bemerken, daß die Türschlösser einer Zimmergruppe in der gleichen Farbe gehalten waren, so in den Fuggerzimmern alle blau, in den Maximilianzimmern rot, in der Jägerstubengruppe grün.

Einen anderen Schmuck der Schloßplatte bildete dann noch der Türdrücker (Klinke) selbst, der bei den meisten gotischen Türschlössern in Tratzberg etwas phantastisch gestaltete Eidechsen darstellt, die über die Platte laufen, mit ihrem aufgeringelten Schwanz aber als Griff dienen. Diese Art der Türdrücker, die immer unbequem zu ergreifen sind, erfordert noch einen eigenen Türgriff, an dem man die Türe erfassen kann, um sie nicht aus den Händen gleiten zu lassen. Diese Türgriffe waren ein unentbehrliches Zubehör und deshalb auch unmittelbar neben der Schloßplatte angebracht, so daß man mit demselben Handgriff sie erfassen und gleichzeitig mit dem Daumen oder einem anderen Finger die Schnalle drücken konnte. Findet sich der Türgriff weiter entfernt, dann ist er sicher nicht mehr an seinem ursprünglichen Platz. Die Türgriffe boten wieder Gelegenheit, die Türe zu verzieren, und finden sich in den reizendsten Ausführungen an der Außen- und Innenseite der Türen.

Einen weiteren Türschmuck bildeten schließlich die Türbänder. Sie waren naturgemäß an der Innenseite der Türe angebracht. Ging diese nur in einen Vorraum, dann waren die Bänder einfach, führte sie aber in einen schönen Wohnraum, dann boten sie wieder Gelegenheit, aus der einfachen Notwendigkeit ein Schmuckstück zu bilden. Sie füllten mit ihren Verästelungen, Blättern und phantastischen Blüten den großen Teil der Türfläche und waren so dekorativ, daß, wenn die Eingangstüre damit verziert war, man sie auch auf der Türe in die anstoßende Kammer nicht vermissen wollte, obwohl die Türangeln an der Innenseite der Tür sein mußten. Um dies zu erreichen, wurde das Band für die Kammertüre so abgekröpft, daß die Bänder auf die Außenseite zu liegen kamen und nur die Türangeln auf der Innenseite verblieben (Fuggerkammer und Maximiliankammer). Die Bänder waren überdies bemalt, die Blüten und Blätter zum Teil versilbert und mit Lasurfarben gedeckt

Oben links: Fuggerzimmertüre, Türklopfer

Oben rechts: Kapellentüre, Schloßplatte und Türklopfer

oder auch vergoldet (Maximiliankammer) (siehe Farbteil, Abb. 17). Genau dieselbe Art der Türbänder, auch aus dekorativen Gründen abgekröpft, findet sich an der Michelskirche am Friedhof in Schwaz in der Oberkirche, wo die Tür in ihrem schönen Türstock durch den Stiegenvorbau vor Regen und Schnee geschützt war. Ich erwähne diese Tür, weil man aus den Schwazer Kirchenbaurechnungen, die Pfarrer Kneringer genau durchstudiert hat, weiß, daß sie vom Schlosser Walt sind, der alle Türbeschläge und andere kunstvolle Schlosserarbeiten für die Pfarr- und Michelskirche ausführte, und aus der Gleichheit der Arbeit mit den Tratzberger Türbändern mit Sicherheit darauf geschlossen werden kann, daß auch diese von Heinrich Walt herrühren. In Tratzberg sind dies zwei Türen im Maximilianstübl, zwei in der Fuggerstube, eine im Frauenstübl, eine im Turmwärterstübl. Vom selben Schlosserkünstler sind jedenfalls auch die schönen Schmiedegitter am Sakramentshäuschen in der Kapelle; manche andere dieser reichgestalteten Türbänder werden in den Räumen vorhanden gewesen sein, die, zur Tänzlzeit erbaut, später im Sinne der Renaissance neugestaltet wurden. So zeigt die Tür zwischen kleiner Tänzlkammer und Chorkammerl (deren Türstock ursprünglich, wie noch zu bemerken, einen gotischen »Eselsrücken« bildete und die zum Chorkammerl hin aufging) Spuren davon, daß sie mit abgekröpften, an der Kammerseite angeschlagenen, also »schönen« Bändern geschmückt war; ebenso kann aus den Eindrücken auf der Aborttür im Stall das gotische Türband rekonstruiert werden, das darauf angeschlagen war.

Erwähnenswert ist auch noch die schöne Ausstattung der Türklopfer an der Eingangstür zum Jägerstubenvorraum im Parterre und an der zum Fuggerzimmervorraum sowie an der Kapellentür. Diese waren ein weiterer besonderer Anlaß für die Kunstschlosser, diese Vorrichtungen, die an Stelle von Türglocken dienten, gleichzeitig als teilweise recht witzigen Schmuck der Türen zu verwenden.

Bemerkenswert sind auch die Arbeiten der Zimmerleute in Tratzberg. Eine eigenartige Deckenkonstruktion von größter Präzision haben sie bei den Plafonds mit offenliegenden Tramen geleistet (siehe Farbteil, Abb. 6). Die Zwischenräume zwischen den einzelnen Tramen sind nicht breiter als diese selbst, und die Abdeckung der Zwischenräume ist nicht durch querliegende eingeschnittene Bretter erzielt, wie dies sonst bei solchen offenliegenden Böden üblich ist, sondern ebenfalls wieder durch ein dickes Brett in Breite und Länge der Trame selbst, das in einem Falz auf den Tramen aufliegt.

Die Trame sind ganz scharfkantig und glatt behauen, so daß die Flächen vom scharfen Schnitt des Zimmermannsbeiles ihren Glanz haben. In der Mitte ihrer Länge sind sie durch einen starken Unterzug gestützt, der ebenso sauber gearbeitet ist und bei sehr großer Spannweite selbst auf einer Marmorsäule in der Mitte seiner Länge aufliegt. Es kann nicht angenommen werden, daß diese Konstruktion durch ein Plafondgetäfel hätte verkleidet werden sollen, welches etwa nicht zur Ausführung gekommen wäre; denn die Trame sind, außer ihrer tadellosen Behauung und Verlegung auch noch durch Anwendung einer weiteren einzigartigen Technik verschönt, welche von der Mitte des 15. bis zu der des 16. Jahrhunderts in Tirol nörd- und südlich des Brenners üblich war, so z.B. auch am Jöchelsthurn und im Sternbachhaus in Sterzing, ebenso am Renaissancegetäfel in Valer. Sie bestand darin, daß das glatt behauene Holz quer über die Jahrgänge mit einem eisernen Kamm von ungefähr 2 bis 3 cm Breite in gleichmäßigen Abständen wie mit Zeilen von Musiknoten liniert wurde. Dadurch wurden die glatten Flächen an jenen Stellen, wo mit dem Eisen darüber gestrichen worden war, in ihrer Oberflächenstruktur verändert, und es ergab sich dort ein anderer Lichtreflex als bei dem übrigen Holz. Je nach dem Lichteinfall zum Standpunkt des Beschauers wirkten diese Striche heller oder dunkler als die übrige Oberfläche und verliehen dem so behandelten Holz einen wechselnden Schimmer.

Diese Technik wurde auch an ganzen Plafond- und Wandgetäfeln sowie an Türen angewendet und findet sich selbst an der Innenseite von Kästen, gelegentlich auch in schräger Lage über die Jahrgänge des Holzes in sich kreuzenden Linien. In solchem Ausmaße und über so große Flächen wie in Tratzberg dürfte sich diese Technik aber kaum irgendwo erhalten haben, wozu auch der Umstand

Maximilianstube

beigetragen haben wird, daß Tratzberg zeitweise kaum bewohnt war, während anderswo durch wiederholtes Abspülen des Getäfels die Wirkung dieser Linien verlorengegangen sein kann, jedenfalls nicht mehr durch den erzeugten seidenartigen Glanz wirkt, sondern nur mehr durch stellenweise aufgerauhte dunklere Teile erkennbar bleibt.

In dieser Art mit offenliegenden Tramen gedeckt sind von den gotischen Räumen: im Parterre die Rüstkammer mit dem mächtigsten Tramunterzug sowie die sogenannte »Bastelkammer«; im ersten Stockwerk der »Jagdsaal«, weiters das Frauenstüberl, die Fuggerkammer und die Fuggerstube. Der Jagdsaal weist noch die Besonderheit jener Falltreppe auf, indem ein schmaler Teil der Trame mittels Scharnieren und eines Flaschenzuges derart herabgelassen werden kann, daß sich der Weg von der darüberliegenden Maximiliankammer in den Jagdsaal und von dort durch die Falltüren in dessen Fußboden mittels Leitern in den Torraum öffnet.

Die Fuggerstube zeigt aber gleichzeitig in ihrem Erker im Südwestturm ein Prachtstück eines gotisch getäfelten Plafonds, meisterlich in Sechsecke geteilt, die durch goldene Sterne mit teilweise geflammten Strahlen geschmückt sind (siehe Farbteil, Abb. 23). Im

Maximiliankammer

Verein mit der Volltäfelung der Wände im Erker, der Halbtäfelung derer des Hauptraumes mit den besonders schönen, diese gliedernden Wandkästen, den umlaufenden Bänken, der Türe in die Kammer mit den geschnitzten Tänzlwappen, sowie dem Marmorportal zum Erker wurde hier ein Raum geschaffen, der in vorbildlicher Weise Gemütlichkeit mit Pracht vereint.

Wie die Gotik nie eine Wiederholung gleicher Schmuckmotive duldet, weiß sie auch bei Gestaltung der einzelnen Räume durch den Wechsel von offenen Tramplafonds mit verschiedenartigsten Plafondvertäfelungen sowie halb- und ganzgetäfelter Wände jede Ermüdung des Beschauers zu vermeiden.

Volltäfelung der Plafonds und Wände zeigen im allgemeinen diejenigen Räume, die der Gemütlichkeit der Familienmitglieder und Gäste dienen sollen: Maximilianstube und -kammer (der Plafond bei ersterer in Rhomben, bei letzterer in auf die Ecke gestellte Quadrate eingeteilt), weiters Fuggerstubenerker; einfachere Volltäfelung in den beiden Tänzlkammern; Halbtäfelung der Wände in der Fuggerstube und der Fuggerkammer (siehe Farbteil, Abb. 11), wobei die letztere, wie aus dem verkürzten und gefalzten Gesims hervorzugehen scheint, vielleicht (ihrem familiären Charakter entsprechend) mit Volltäfelung geplant war. Lediglich Plafondtäfelung

Tänzlstube

gibt es in den rein repräsentativen Räumen, der Tänzlhalle und dem Habssburgersaal, bei letzterem durch die Wandschränke an der hofseitigen Wand etwas belebt. Vor Anbringung der Hirschgeweihe waren auch an der Südwand offenbar solche Wandschränke geplant gewesen, wie aus einer dann übermauerten Aussparung rechts vom Erker hervorzugehen scheint.

In diesen Räumen ist die Einteilung des Plafondgetäfels am kompliziertesten. In der Tänzlhalle zeigt sie ein Muster geometrischer Figuren, die des Habsburgersaales (siehe Farbteil, Abb. 15) wirkt wie die Projektion eines Kreuzrippengewölbes auf eine Ebene. Dieses Getäfel wird, da es an verschiedenen Stellen die Malereien der Wände überdeckt, wohl erst nach diesen entstanden sein. Es zeigt, im Gegensatz zu den anderen Plafondgetäfeln, Inkonsequenzen beim Zusammenlaufen der Rippen, die vielleicht der Restaurierung ebenso zuzuschreiben sind wie sicher die Glanzlackierung und die schlecht nachgeahmte Kammtechnik. Dafür, daß es etwa zur Gänze erst in neuerer Zeit geschaffen worden sei, finden sich keine Anhaltspunkte – mindestens bestand es in gleicher Gliederung schon vor den Restaurierungsarbeiten, wofür wir das Zeugnis einer Zeichnung von Spitzweg haben.

Erwähnt sei, daß sich in der Südostecke des Bodenbelages im Habsburgersaal Spuren einer Einzeichnung finden, die den Rippen der Plafondtäfelung entspricht und die vielleicht einst den ganzen Bodenbelag (falls er nicht neueren Datums ist) in entsprechender Art gegliedert haben mag.

Viele der Türen bzw. Türstöcke, die ursprünglich gotisch waren, wurden später in Renaissanceformen umgearbeitet, zeigen aber noch Spuren des gotischen Schnittes, so die Türstöcke vom Hofmeisterzimmer in die Hofmeisterkammer, von der Tänzlhalle in die große Fremdenkammer und von der kleinen Fremdenkammer ins Chorkammerl.

Die Tänzlischen Tischler und Schnitzer, die wohl beide einer gemeinsamen Schreinerwerkstätte angehörten, zeichnen sich ebenfalls durch erstklassige Arbeiten aus, wie wir sie an den Wandkästchen in den Maximilian- und Fuggerzimmern und teilweise auch im Habsburgersaal erhalten finden.

Habsburgersaal 1846, Originalskizze von Carl Spitzweg

Aus derselben Schnitzerhand stammt wohl auch der prächtige Türaufsatz mit dem Wappen des Tänzl und seiner Hausfrau Rindscheitin in der Fuggerstube, wie auch der dortige »Waschkasten« (siehe Farbteil, Abb. 9).

Daß die Bauherren erstklassige Künstler für solche Aufgaben heranzogen, ist auch daraus zu ersehen, daß ein als Plafondmittelstück in Schloß Reichersbeuern bei Tölz, das fast gleichzeitig mit Tratzberg von den Tänzl umgebaut wurde, verwendetes Tänzlisches Wappen von Kunsthistorikern dem Münchner Bildhauer und Baumeister Erasmus Grasser zugeschrieben wird (in neuester Zeit wird für diese Arbeit auch der Künstler Bockschütz von Tölz in Betracht gezogen). Dieser Plafond von Reichersbeuern zeigt im übrigen eine ganz verwandte Arbeit und Linienführung mit dem Plafondgetäfel im Tratzberger Habsburgersaal und sehr ähnliche Art Plafonddekoration mit der Tänzlhalle daselbst. Grasser war ja auch urkundlich nachgewiesen beim Pfarrkirchenbau in Schwaz, und M. Halm schreibt ihm die schöne Arbeit am Grabstein des Christian Tänzl in Schwaz zu. Er wird somit seinen Einfluß auch auf die Bildhauerwerkstätten in Schwaz ausgeübt haben. Wenn auch die Arbeit des Türaufsatzes nicht die künstlerische Vollkommenheit des Plafondschmuckes in Reichersbeuern aufweist, so könnte doch der heraldisch schöne Entwurf ihm nahestehen. Die naturalistischen Motive in Verbindung mit der Maßwerkdekoration am unteren Teil des Waschkastens erinnern auffallend an die Maßwerkverzierungen der Pfarrkirchentüren in Schwaz, so daß man dieselbe Werkstätte für beide Arbeiten annehmen kann.

Die Entwürfe für diese Kirchentüren in Schwaz waren laut den Schwazer Kirchenbaurechnungen von Meister Christan, 1502 bis 1509 in Schwaz, nachweisbar. Als Kunsttischler, die für Tratzberg arbeiteten und denen wir auch noch die schönen Tische und den eigenartigen Kastentisch im Fuggerzimmer zuschreiben dürfen, sind uns Hans Reutter und Simon Wiert bekannt, von denen letzterer laut Kirchenrechnungen die Sakristeikästen für die Pfarrkirche zu Schwaz machte. Kaiser Maximilian bestellt beide 1514 nach Innsbruck und bezeichnet sie hiebei als »des Tänzls Tischler« (LRAI, Missiv 1514, f. 45).

Die Wandmalereien, der Habsburger Stammbaum

Das interessanteste und historisch wertvollste Werk künstlerischen Schaffens, welches aus der Tänzlzeit in Tratzberg vollkommen erhalten blieb, ist die Malerei des Habsburgischen Stammbaumes an den Wänden des Mittelsaales des ersten Stockwerkes (Habsburgersaal). Diese Malerei war offenbar eine Huldigung für den Kaiser, dem die Tänzl die Überlassung von Tratzberg verdankten und der erst wenige Jahre zuvor durch Mehrung und Quadrierung ihres Wappens ihnen seine Huld neuerdings bewiesen hatte.

Der große, als Festraum bestimmte Saal mit der besonders schönen Marmorsäule in der Mitte, dem Erker mit fünf im Kranz stehenden Fenstern, hat an den Wänden in Mannshöhe sieben prächtige »Hirschgehörne« eingemauert, und zwar zu dem Zweck, je zwei Kerzen zu tragen und so den Raum bei festlichen Anlässen abends zu erleuchten.

Es wäre wohl auch nicht undenkbar, daß Kaiser Maximilian selbst, falls er während des Baues Tratzberg besucht hat, wie es fast sicher der Fall war, die Anregung gegeben hätte, diese zusammenhängenden großen Flächen für die Darstellung seiner Genealogie, mit der er sich lebhaft beschäftigte, zu verwenden. Maximilian ließ bekanntlich solche Stammbäume des Hauses Habsburg auf große Leinwandrollen malen; zwei solcher Stammbäume sind noch (aus Ambras stammend) im Hofmuseum in Wien.

Unter solchen Umständen wäre es auch natürlich, daß der Kaiser sich bereit fand, die Grundlagen für die Tratzberger Malereien zur Verfügung zu stellen, was jedenfalls nur bei großem Vertrauen in den Schloßherrn wie auch den Maler zu denken ist. Es wäre ja auch undenkbar, daß Tänzl ohne Einvernehmen mit dem Kaiser selbst die Studien für die ganze Genealogie von Kaiser Rudolf I. an hätte machen können und die Darstellungsgrundlagen, vielfach Porträts, zusammengebracht hätte.

Der Stammbaum in Tratzberg nimmt an den vier Wänden des Saales eine Länge von 46 m ein und enthält 148 halblebensgroße Porträtfiguren (Kniestücke) von Kaiser Rudolf von Habsburg angefangen bis zu fünf Kindern Philipp des Schönen. Die Verteilung des genealogischen Materials auf die vier Wände des Saales erforderte jedenfalls viel Überlegung sowie eingehendes Verständnis für die Sache selbst und die künstlerische Gruppierung; sie war wohl als Aufgabe schwieriger als die Ausführung der Malerei selbst.

Eine Eigentümlichkeit der genealogischen Darstellung ist, daß die weibliche Nachkommenschaft durch braune (abdorrende) Zweige mit ihren Eltern verbunden ist, während die männliche Linie mit einem grünen (lebenden) Ast weitergeführt wird. Zur Hervorhebung der direkten Linie von Rudolf von Habsburg bis Maximilian und Philipp sind diese Elternpaare durch blauen Wolkenhintergrund kenntlich gemacht.

Kostümgeschichtlich hält sich die Zeichnung an richtige Traditionen, die besonders in der Kopfbedeckung und Haartracht der Frauen zur Geltung kommen. Auch die Barttracht der Männer stimmt mit der Sitte der Zeit überein. Phantastische Entgleisungen zeigt nur die Darstellung des Zweikampfes zwischen Rudolf und Ottokar (siehe Farbteil, Abb. 13). Streng festgehalten wird die Sitte der deutschen verheirateten Frauen, ihr Haar mit einer Haube zu verhüllen, während die Jungfrau es als besondere Zierde offen zur Schau trägt, wovon in unserer Zeit noch die Redensart »unter die Haube kommen« geblieben ist. War eine Heirat nur durch Vertrag festgelegt oder nur durch Prokuration rechtlich vollzogen, kam aber ehelich nicht zustande, dann sind die beiden wohl als Brautleute nebeneinandergestellt, doch trägt die Braut noch offenes Haar. Die Haube war so sehr das Zeichen der Mutter und das offene Haar jenes der Jungfrauschaft, daß die Kombination der beiden in allen damaligen Madonnenbildern zu finden ist, um die Jungfrauschaft zugleich mit der Mutterwürde zum Ausdruck zu bringen. Schon die Renaissance lockerte diese deutsche Sitte, die auch in romanischen Ländern nie so eingehalten worden war. Später treten auch verschiedene Kombinationen auf. So werden z. B., besonders bei Frauen nichtdeutscher Herkunft, die Haare nur über den Ohren durch Scheiben oder Haarsäckchen verhüllt. Auch bildeten sich, während ursprünglich das Haar durch schleierartige Hauben gedeckt wurde, unter dem Einfluß der Mode Variationen bis zum prunkvollen Hut mit den Straußenfedern der Katharina von Sachsen heraus.

Für die Zeitgenossen Maximilians, auch seiner Eltern und Erzherzog Sigismunds, läßt sich die Porträtauthentizität feststellen, ebenso für einige Persönlichkeiten früherer Zeiten, deren »Konterfei« Maximilian damals noch an Grabsteinen, Münzen, Votivbildern und Kirchenfenstern kopieren lassen konnte.

Die Gruppen von Kindern Philipp des Schönen sind unfertig geblieben, die Vorzeichnung für diese aber zum großen Teil vollendet.

Unter den Dargestellten sind in Schriftrollen die wichtigsten biographischen Daten in deutscher Sprache angebracht.

Für die Datierung des Werkes stehen uns verschiedene Anhaltspunkte zur Verfügung:

1. Der Stammbaum zeigt als letzte vollendete und gemalte Figuren die zwei mittleren Töchter Philipp des Schönen: Elisabeth, geboren 1501, und Maria, geboren 1505, wobei die Darstellung einem Alter von sieben bzw. drei Jahren entspricht, was auf eine Entstehungszeit um 1508 hinweist. Diesem Entstehungsdatum entspricht auch die nur skizzierte Darstellung der ältesten Tochter Eleonora, geboren 1498, und des Sohnes Karl (V.), geboren 1500. Des letzteren Darstellung mit einem Falken auf der Hand ist sicher dem Bildnis desselben in der Porträtsammlung, die später Erzherzog Ferdinand sammelte, nachgebildet, auf welchem er ausdrücklich (in spanischer Sprache) als siebenjährig bezeichnet wird, so daß die Zeit vor 1507 ausgeschlossen werden kann.

Aber auch für den Endzeitpunkt der Arbeiten ergibt sich hieraus schon ein Hinweis, da in späteren Jahren als 1508 die Kinder Philipps wohl nach neueren Porträts und nicht als Kinder dargestellt worden wären; daß der Maler nämlich den zu seiner Zeit neuesten Stand der Genealogie darstellen wollte, geht schon daraus eindeutig hervor, daß sogar die oben erwähnten kleinen Töchter Philipps aus Platzmangel auf die dem Anfang des Stammbaumes zugewiesene Westwand, mitten unter die Kinder Rudolfs I., verlegt werden mußten, was dem ursprünglichen Konzept gewiß nicht entsprach und im Falle der Schaffung des Stammbaumes in späteren Jahren sicher vermieden worden wäre.

Auch die Tatsache, daß die skizzierten Figuren (Eleonora, Karl und Ferdinand, letzterer nur in schwachen Umrissen) mit Verlobten dargestellt sind, bildet deshalb keinen Widerspruch zu ihrem jugendlichen Alter im Jahre 1508, weil die Verlobten nur in allgemeinen Umrissen erscheinen, also offenbar nur der Platz für künftige Porträts damit freigehalten werden sollte. Karl und Eleonora waren auch tatsächlich damals bereits verlobt, Karl mit Claude von Frankreich, Eleonora mit Franz (I.) von Frankreich, doch waren die Verlobungen nach dem Tode Philipps (1506) aufgelöst worden. Vielleicht wurde die Arbeit damals gerade zu dem Zweck abgebrochen, die wichtigen künftigen ehelichen Verbindungen des Hauses Habsburg für die Vollendung abzuwarten.

2. Die nachgeborene jüngste Tochter Philipp des Schönen erscheint nicht einmal mehr skizziert. Auch daraus muß geschlossen werden, daß der Abbruch der Arbeit nicht lange nach ihrer Geburt (1507) erfolgt sein kann, ebenso daraus, daß das Spruchband unter Philipps Bild leer blieb.

3. 1508 kopierte Kölderer im Auftrag Kaiser Maximilians das Bildnis Rudolfs von Habsburg auf dessen Grabstein; die phantastische Darstellung Rudolfs in Tratzberg wäre wohl in späteren Jahren angesichts der Verbreitung dieser Kopie undenkbar[59].

4. Weiters zeigen die Stammbaummalereien große Ähnlichkeit mit den mit 1508 datierten drei Einweihungsurkunden der drei Altäre der Schloßkapelle, vor allem in den Motiven hier der Zierleisten, dort des Rankenwerks mit seinen Tieren und Pflanzen, sowie mit Details der Apostelzeichen der Schloßkapelle. Die Einweihung der Kapelle bezeichnete aber auch zweifellos den Abschluß der ersten Tänzlschen Bauperiode, so daß auch dieser Umstand die Annahme des Jahres 1508 als Entstehungszeit der Stammbaummalereien stützt. Sicher war den Tänzl sehr daran gelegen, den bekannten Wünschen ihres gnädigen Herrn nach einer Verewigung seiner Genealogie so schnell wie möglich entgegenzukommen, wozu vielleicht auch die Krönung zu Trient beitrug.

Als Meister des Entwurfes (eventuell der Vorzeichnung) und wohl

---

59 Dr. Fr. Kenner: »Die Porträtsammlung des Erzherzog Ferdinand von Tirol«, im Jahrbuch der Sammlungen des Allerhöchsten Kaiserhauses, S. 37.

auch mitbeteiligt an dessen Ausführung kann mit großer Wahrscheinlichkeit Hans Maler aus Schwaz angenommen werden, der im Franziskanerkreuzgang in Schwaz tätig war, aber (während vorher und nachher seine Tätigkeit nachweisbar ist) gerade um diese Zeit urkundlich nirgends erscheint, also für eine so umfangreiche Arbeit Zeit gehabt hätte. Insbesondere eine gewisse Hinneigung zu einer humorvollen Darstellung verbindet einige Nebenfiguren auf Kreuzgangbildern mit den Einweihungsurkunden der Tratzberger Kapelle und Einzelheiten des Stammbaumes. Auffallend aber ist besonders, daß die Darstellung der Maria von Burgund, erster Gemahlin König Maximilians, große Ähnlichkeit, auch in Haltung, Kleidung und Schmuck, mit einem dem Hans Maler zugeschriebenen Bildnis derselben zeigt – der übrigens nach Dr. Kenner[60] 1500 und 1510 Bildnisse derselben zum Zwecke der Kopierung bei sich hatte. Es ist nicht eindeutig feststellbar, ob der Tratzberger Stammbaum auf den aus Schloß Ambras nach Wien gekommenen, in den Porträts mit ihm großenteils fast identischen, zurückgeht, oder, wie Prof. Dr. Fr. Kenner (siehe Anm. 59) annahm, beide auf einem gemeinsamen verschollenen Vorbild basieren.

Es sei erwähnt, daß Dr. Kenner den Tratzberger Stammbaum für die ältere Kopie des von ihm angenommenen Originales hält. Er stützt sich vor allem darauf, daß bei dem zweiten Ambraser Stammbaum A II (A I kommt, da mit reinen Phantasiebildnissen ohne Anspruch auf Porträttreue geschmückt, für einen Vergleich nie in Betracht) Bildnisse des Johann von Mähren und Meinhard III. von Tirol verwendet worden seien, die erst nach 1570 gefunden und bei Entstehung des Tratzberger Stammbaumes noch nicht bekannt gewesen und daher noch nicht verwendet seien.

Nun scheinen mir aber die Unterschiede der Ambraser Darstellung von der Tratzberger keineswegs so groß, daß sie mit der künstlerischen Freiheit nicht zu vereinen wären, welche die Stammbaummaler auch bei anderen Porträts für sich in Anspruch nahmen. Auch ist zu bedenken, daß A II offensichtlich in späterer Zeit übermalt worden ist und damals eine Angleichung an die später gefundenen Bildnisse erfolgt sein kann.

Gegen die Annahme Dr. Kenners und dafür, daß der Ambraser

60 Ebd., S. 95.

Stammbaum A II der ältere ist, sprechen meiner Meinung nach folgende Umstände:

A II zeigt ein Liniennetz, wie es zur Orientierung in der Einteilung und Anlage der Gruppen benützt worden sein kann, so daß er wohl bei Entwurf des Tratzberger verwendet worden sein könnte. Diese Linien umrahmen in der zweiten Rolle des A II die einzelnen Figurengruppen derart, daß es deren Einreihung in ein der mehr in die Breite als Höhe gehenden Tratzberger Wandflächen entsprechendes Schema sehr erleichtert haben muß. Der Ambraser Stammbaum ist nämlich in zwei Leinwandrollen geteilt, woraus sich die Notwendigkeit ergab, ihn in zwei durch keinen Ast verbundenen Teilen darzustellen. Der Tratzberger Stammbaum, bei dem diese Notwendigkeit angesichts der fortlaufenden Wandflächen keineswegs bestand, zeigt nun die gleiche Teilung an derselben Stelle, was noch durch eine Numerierung betont wird, die bei Albrecht dem Weisen mit Nr. 1 beginnt, also an derselben Stelle, wo die zweite Leinwandrolle des A II ihren Anfang nimmt. Diese Numerierung folgt sodann den Gruppen, die die erwähnten Linien auf A II umrahmen, derart, daß zunächst die Kinder Albrechts des Weisen, dann die Kinder Leopolds von Sempach usw. als Mittelpunkt der Gruppen erscheinen, ganz in der Reihenfolge und Zusammenstellung der Gruppen, wie sie sich aus obiger Linienumrahmung ergeben. (Im ersten Teil zeigt sich keine Numerierung, außer einer Drei bei Rudolf II., dem Sohn Rudolfs von Habsburg.)

Aus der Teilung des A II in zwei Rollen ergab sich auch die Notwendigkeit, ihm bei Beendigung der ersten Rolle einen gewissen Abschluß zu geben. Dieser erfolgte in der Art, daß der Ast, der in Richtung auf Kaiser Maximilian weiterführte, in einer blauen Wolke (auch hier das Zeichen dieser direkten Geschlechterfolge) endete, in welcher das Monogramm Maximilians angebracht erscheint. Diese Wolke nun ist im Tratzberger Stammbaum, dessen Hauptstamm hier, wie gesagt, an derselben Stelle ganz unmotiviert mitten in der Wand endet, wohl durch ein Mißverständnis zu einer blauen Blume verkümmert und das Monogramm, dessen Sinn derjenige, der diesen Teil der Malerei ausführte, offenbar nicht begriff, weggefallen.

Es liegt also nahe, anzunehmen, daß Maximilian den Tänzlischen Malern den Ambraser Stammbaum A II zur Verfügung gestellt hat, diese die ihre Arbeit erleichternde Viereckeinteilung auf dem Original vornahmen, mißverständlicherweise aber bei der Zweiteilung, genau nach dem Muster von A II, blieben; denn zweifellos hat am Tratzberger Stammbaum nicht der Meister allein gearbeitet, weshalb die Bildnisse auch in Art und Qualität verschieden ausfielen.

Natürlich ist auch am Tratzberger Stammbaum die Zeit nicht spurlos vorbeigegangen, und er hat sich bis heute noch einige Schicksale gefallen lassen müssen:

Die gemalten Hirsche zu den zweifellos schon vor dem Stammbaum angebrachten Hirschgeweihen wurden erst später hinzugefügt; noch später, wahrscheinlich in der Zeit, da die Halden Tratzberg besaßen, wurde zu den Hirschen ein Waldhintergrund gemalt, und zwar so rücksichtslos, daß die Inschriften des Stammbaumes teilweise übermalt wurden. Auch die Haldenschen Wappenmalereien im Erker des Habsburgersaales zeigen ja deutlich, daß damals keine Meister am Werk waren.

Als mein Großvater, Franz III. Graf Enzenberg, die Stammbaummalerei restaurieren ließ, wurde dieser Waldhintergrund entfernt, einige der Inschriften waren jedoch nicht mehr zu retten. Diese Restaurierung um das Jahr 1850 erfolgte im allgemeinen mit größter Gewissenhaftigkeit, doch zeigen die Figuren in der Nordwestecke des Saales einen der Zeit entsprechenden idealisierten Ausdruck, während der Restaurator der anderen Teile dem herberen Charakter der ausgehenden Gotik gerecht wurde, wie sich beim Vergleich mit den im wesentlichen unverändert gebliebenen Gruppen am und beim Kamin ergibt.

Die gemalten Hirsche

In die spätere Zeit der Tänzl könnte auch noch die Malerei der Hirsche im Habsburgersaal fallen. Dafür spricht schon der Umstand, daß die Jagd bei den Tänzl und bei ihrem kaiserlichen Herrn eine große Rolle spielte. Andere Anhaltspunkte bieten die Einkritzelungen, die wohl erst einige Zeit nach Vollendung der Malerei begonnen haben werden und besonders in den dunklen Partien beliebt waren. Die ältesten, noch erkennbaren Einkritzelungen an den Hirschen vom Habsburgersaal sind: »I H S, darunter VSW und noch eine Linie tiefer – Ilsungin 1565«, an einem anderen Hirsch: »Cyr. Heidenreich v. Pidenegg genannt Kunig 1565«.

Diese Kritzeleien, zuerst mit der sauberen, kleinen Schrift des 16. Jahrhunderts ausgeführt, wurden immer rücksichtsloser geübt, bis sie bei der Restaurierung durch Franz Graf Enzenberg mit Farbe wieder ausgetupft wurden, so daß sie jetzt nur bei genauer Beobachtung ersehen werden können.

Die Hirsche am Gang im ersten Stock sind jedoch sicher erst von Ilsung im Zusammenhang mit der gemalten Einfassung des gotischen Portals zum Fuggerzimmer und des Portals neben der Kapellentüre gemacht worden, wie auch der noch unter Tünche steckende Landsknecht, der neben dem Portal zu den Fuggerzimmern Wache steht. Diese Gangmalereien haben durch die Witterung und den freien Zutritt am Gang zur Kapelle mehr gelitten als die Malerei im geschlossenen Raum. Älteste eingekritzelte Jahreszahlen stammen von 1599. Nach 1632 wurden diese Hirsche neu übermalt, nach einiger Zeit waren sie aber wahrscheinlich wieder so verdorben, daß sie weiß übertüncht wurden und später sich noch einen grünlichen Anstrich gefallen lassen mußten. Diese Tünche ist wohl teilweise wieder abgefallen, doch löst sich mit ihr auch der größte Teil der Malerei, die nur mehr sehr blaß vorhanden ist. Dunkel zeigen sich aber die Kritzeleien, die vor der Restaurierung stattgefunden haben, weil sich die Restaurierungsfarbe besonders in die Kritzelstriche, stärker als in die glatte Fläche, einsog. Die letzte in solcher Art dunkel erscheinende Jahreszahl ist 1632, und so wissen wir, daß bald nach dieser Zeit die Hirsche am Gang in zweiter Auflage die Besucher des Schlosses erheiterten.

Die Kapelle

Die Krone aller künstlerischen Arbeiten, welche die Tänzl für Tratzberg machen ließen, scheint der Hauptaltar der Kapelle gewesen zu sein. Leider ist er nicht mehr erhalten, und nur die Hauptfigur des Altarschreines und die zwei Donatorenfigürchen, Veit Jakob selbst und seine Hausfrau darstellend, sind noch auf uns gekommen. Alle drei Figuren zeigen eine Meisterhand und werden von Kunstkennern dem Sebald Bocksdorfer aus München zugeschrieben.

Aus dem Inventar von 1657 ist zu entnehmen, daß der Altar damals noch bestand, wahrscheinlich sogar bis in die ersten Jahre des 18. Jahrhunderts, wir haben aber keinerlei Beschreibung und können nur aus der Betrachtung der Figur der heiligen Katharina selbst einige Schlüsse ziehen (siehe Farbteil, Abb. 20).

Die Heilige ist sitzend dargestellt mit einem aufgeschlagenen Buch,

Kapelle: St. Katharina, um 1500

das sie mit linker Hand und Unterarm stützt und mit der rechten Hand am Rande hält, damit die aufgeschlagene Seite sich nicht verblättere. Der Kopf ist leicht gehoben, als ob sie gerade über das Gelesene sprechen wolle. Die Haare sind in dicken Zöpfen von rückwärts über die Ohren zum Scheitel gelegt, auf dem kronenartig ein breiter Reif liegt. Die Blätterkrone, die noch auf diesem Reif oder Bausch sitzt, ist nicht mehr aus der Zeit der Entstehung, doch dürfte eine gotische Krone einmal den Abschluß gebildet haben. Die Bank, auf der die Heilige sitzt, ist auf beiden Seiten nach rückwärts abgeschrägt, wodurch sie vielleicht einer Ecke des Altarschreines angepaßt war, und zwar vom Beschauer aus auf der rechten Seite.

Die Heilige war vielleicht dargestellt in

frommer Disputation mit einer anderen Figur, die wohl die linke Ecke einnahm. Als Gegenstück kann man sich wieder eine sitzende Heiligenfigur denken, etwa die heilige Margaretha, die mit den heiligen Katharina und Barbara mit Vorliebe in Kombination dargestellt wird. Ich vermute deshalb die heilige Margaretha, weil sie auf dem Portatile, das wohl immer in Tratzberg war, neben der heiligen Katharina in der Inschrift genannt ist. Das Portatile ist von 1506 und war wohl vor der Altarweihe 1508 zur Zelebrierung der heiligen Messe in Gebrauch. Die Inschrift sagt: »... consecravimus hoc portatile in honorem Sanctarum Katharinae, Margarethae virginum ac martirum atque affrt(?) cum sodalibus suis.«

Die schön ausgestattete, auf Pergament gemalte Altareinweihungsurkunde (siehe Farbteil, Abb. 21) für den Hauptaltar erwähnt aber keine andere als die heilige Katharina und zeigt auch in der prächtigen Dekoration diese allein in sitzender Stellung. Die Malerei auf dieser Einweihungsurkunde (wie die beiden anderen 1508 ausgestellt) läßt, wie gesagt, auf denselben Maler schließen, der auch den Stammbaum malte. Die Weiheurkunden der beiden Nebenaltäre, deren Altartischplatten noch in den Boden eingelassen zu sehen sind, stellen, gleichfalls in reizender Ausstattung, die Heiligen dar, denen sie geweiht sind oder deren Reliquien im »Sepulchrum« versenkt waren, davon: rechts heilige Anna Selbdritt; links St. Vitus, St. Erasmus, St. Christoph. Veit Jakob in Rüstung und seine Hausfrau knieten als Donatoren offenbar vor der Hauptgruppe des Altars und wurden in späteren Inventaren augenscheinlich als Heilige mißdeutet.

Die Figur des heiligen Leonhard an der linken Innenwand der Kapelle stammt nicht aus Tratzberg, sie wurde meinem Onkel, Artur Graf Enzenberg, von dem berühmten Burgenkenner Hans Grafen Wilczek geschenkt, der Tratzberg oft bewundernd besucht hat.

Vom Rippengewölbe herab hing, wohl aus der Zeit der Erbauung, ein siebenarmiger Luster mit einer Madonna und an den Wänden waren die Apostelzeichen, mit Halbfiguren der Apostel in Tempera gemalt; von dem Luster ist uns leider nichts mehr erhalten.

An den Schlußsteinen des kräftigen Rippennetzes sehen wir den

Königsadler des Landesfürsten, das Tänzlwappen, dann die Wappen der Ehefrauen Rindscheit und Laubenberg, das der Mutter Tänzl, einer Melaunerin von Pfunds, und das der Vatersschwester verehelichten Fieger, alle noch in frischen Farben.

Aus der Tänzlzeit dürften auch noch das heute in der Fuggerstube hängende Kruzifix (allerdings ohne große künstlerische Qualitäten) und der zweiteilige Chorstuhl stammen.

Ausgang der Tänzlzeit

Wenn auch noch kleinere dekorative Malereireste sich im Frauenstübl und im Erker der Jägerstube finden und auch ein solcher Malereirest an der Westwand des Stiegenturmes, seit Ilsung durch das neue Dach des Zweitenstockganges geschützt, zu verraten scheint, daß ein gemaltes Gesims mit Ranken noch in vorilsungischer Zeit wenigstens den Turm, vielleicht die damals vorhandenen Hofwände schmückte – so scheint doch mit der Stammbaummalerei die großzügige Bau- und Ausstattungstätigkeit der Tänzl abgeschlossen zu sein, obwohl noch viele Räume über das rein Bauliche inklusive des Einsetzens der Türstöcke nicht hinausgekommen waren.

Vielleicht dürfen wir Veit Jakob selbst noch die Herstellung des Getäfels der Tänzlzimmer und des Turmwärterstübls zuschreiben, obwohl sie schon ganz anderen Stil zeigen und die eingelegten Wappen die des Kaspar Tänzl und seiner Frau Katharina Baumgartner sind, denn die noch erhaltenen Eckstücke des alten Ofens dieses Raumes tragen noch das Tänzlsche verbunden mit dem Rindscheitischen Wappen.

Da aus der Tänzlzeit kein Inventar auf uns gekommen ist, kann leider kein Bild des damaligen Mobiliars gegeben werden. Feststellbar aus dieser Zeit stammen neben der heiligen Katharina, den Donatorenfiguren, dem Chorgestühl und einem Kelch in der Kapelle noch mindestens drei eingelegte Tische, der Waschapparat, das Kruzifix, wahrscheinlich auch die Tischtruhe aus der Fuggerstube, vielleicht auch eines der Lusterweibchen, sicher das Turniergemälde (siehe Farbteil, Abb. 27) des Schäufelein in der Maximilianstube, die Einweihungs- und Ablaßurkunden, einige eingemauerte Hirschgeweihe, besonders die im Habsburgersaal, wohl auch einige Truhen, Sessel usw.

Wie aus der Sammlung von Schlösserinventaren der damaligen Zeit von Prof. Zingerle hervorgeht, waren die Zimmer der damaligen Schlösser allgemein nur mit wenigen Mobilien ausgestattet, wozu wohl auch die vielen Wandschränke, Sitzbänke usw. beitrugen sowie das Getäfel, das vielfach weiteren Wandschmuck ersetzte. Nur die Kammern werden einigermaßen mit Gerätschaften des täglichen Gebrauches angefüllt gewesen sein, etwa in der Art, die heute das »Frauenstübl« aufweist. Große Räume waren damals noch etwas recht Neues, und wohl erst die Hochrenaissance schuf die Grundlagen für eine reichere Innenausstattung derselben.

Ein Grund für den Abschluß der Bautätigkeit in Tratzberg mag vielleicht darin gelegen haben, daß Veit Jakob in den Jahren 1514 bis 1519 mit dem Ausbau des Schlosses Reichersbeuern bei Tölz beschäftigt war (siehe: »Kunstdenkmäler des Königreiches Bayern«, Band I, S. 670), vielleicht aber auch im Verdruß darüber, selbst keine Kinder gehabt oder alle früh verloren zu haben.

Die Genealogien der Tänzl nennen die Ehe des Veit Jakob kinderlos, welcher Behauptung aber entgegenzustehen scheint, daß auf dem Bilde der »Tänzlischen Anna« im Ferdinandeum in Innsbruck, einem tänzlischen Votivbild aus der Kapelle zu Gerburg bei Landeck, zwischen den Donatoren im Vordergrund (dieselben Gestalten des Veit Jakob und seiner Frau mit dem Tänzlischen und Rindscheitischen Wappen, wie wir sie von unseren Donatorenfigürchen her kennen) noch ein Knabe von ungefähr zwei Jahren und zwei Mädchen knien, deren eine als Jungfrau mit offenem blondem Haar, die ältere aber mit einem Modehut, über dem die in einem kostbaren Haarnetz getragenen Zöpfe zu sehen sind. Ich halte es für wahrscheinlich, daß dies die Kinder des Bruders Simon Tänzl sind, die schon 1520 die Mutter und 1525 den Vater verloren hatten und vielleicht von Veit Jakob, in Ermangelung eigener Kinder, adoptiert worden waren.

Auf dem Wandgetäfel der Maximilianzimmer finden sich viele Kreideinschriften aus dem 16. und 17. Jahrhundert, teils Unterschriften der Eigentümer und Gäste, teils allgemeine Sentenzen, aber auch persönliche Bemerkungen, welche diese Wände zu einer Art überdimensionalem Stammbuch machen.

Hier finden wir die Kreideunterschrift des Veit Jakob Tänzl und die seiner Hausfrau, und von anderer Hand steht darunter geschrieben: »Gnad dir Gott 1531« – er war 1530 gestorben; auf dem Totenschild in Tratzberg führt Veit Jakob das Wappen seiner Hausfrau als Herzschild.

Ebenfalls 1531, wahrscheinlich bei derselben Gesellschaft, unterschreibt ein Rindscheit, wohl ein Bruder der Witwe, und fügt bei: »Glückh k'rat wol!« Auch die Familie der Füeger, durch die Schwester des Christian Tänzl verwandt, hat sich damals gleich zu dritt eingetragen, außerdem ein Michl Görg von Windtheim. »Wie Gott will, ist mein Zill«, schreibt ein Ferdinandus Schrenkh zu Notzing. Bei einer anderen solchen Gesellschaft, 1558, unterschreiben sich, obwohl nun nicht mehr die Tänzl Eigentümer sind, auch noch deren Verwandte, so B. von Reischach (wohl ein Vetter Kaspar Joachims), eine Füegerin, Georg Schurff. »Alle, die mich kennen, den geb Gott, was sie mir gönnen«, schreibt Andreas Lassank von Klagenfurt, »alzeit frelich ist nit meglich«, Michael Hilber zu Schwaz. Anonym bleiben:

»Ich armes Brüederlein muß mich dukken,
Gibt es Glück so liege ich trukken,
Regnet's aber oder schneyt,
So werd ich nasser als ander Leyt.«

und: »Glückh hat Neydt, Zeyt gebiert Leydt.«

sowie:
»Distel und Dorn die stöchen sehr,
Falsche Zungen doch viel mehr -
Lieber well ich in Distel und Dornen baden
Als mit eyner falschen Zung seyn beladen!«

oder:
Jungfrawen gunst und Lilligen-Bletter
Verkehrt sich wie Aprillen-Wetter.«

Wir finden dann die undatierte Unterschrift: G. v. Y., also Georg von Ylsung und 1583, drei Jahre nach seinem Tod, ist dazugeschrieben: »ist todt, Got gnad seyner Sel!« – Die Zeit ist ernster geworden, das zeigen Sentenzen wie:

»Got gibt mer an eynem Tag
als eyn gantz Künigreich vermag,
Yemer er gibt, yemer er hath
annoch bleybt er der reichste Got!«

oder: »Das Wort des Herrn bleybt ebig.«

und:
»Justitia ist erschlagen zu todt
Veritas leydt große nodt,
Falsitas ist hochgeporn,
Fides hat den Stand verlorn
Spes ist gestorben,
Charitas ist gar verdorben,
Sapientia ligt gevangen,
Obedientia ist vergangen … « (das Übrige unleserlich).

Wir finden in diesem Jahr noch die Unterschrift eines Jakob Diepold, etwas vorher die von C. Heydenreich, der sich auch auf den Hirschen verewigte, 1598 die eines Balthasar Hagmayr, Ihrer fürstl. Durchlaucht in Bayern Landtrichter zu Dörffle. Ungefähr um diese Zeit den Spruch:

»Richter und Jäger
Vögt und Phleger
Haben schlechten Lohn,
Werden dennoch reich davon.

1 Schloß Tratzberg

2 (links) Sonnenuhr am Hauptstiegenturm im Innenhof

3 (unten) Süd- und Ostflügel des Innenhofes. Die Renaissancemalerei wurde 1969 bis 1973 restauriert

4 (rechts) Arkadengang im 1. Stock, gotisches Kreuzrippengewölbe, Hirschfresken aus der Ilsungzeit (ca. 1560)

5 (rechts unten) Arkadengang im 2. Stock mit holzgetäfelter Kassettendecke

6 Jagdsaal mit Tiergruppen, geschnitzt von Anton Steger (1840–1850)

7 Hl. Christophorus um 1500

8 Hl. Katharina von Alexandrien, Schutzpatronin von Tratzberg

9 *Fuggerstube: links gotischer Waschtisch, Lusterweibchen, Türgespränge mit Wappen der Tänzl*

10 *Fuggerstube mit gotischer Truhe und Marmorportal*

11 (links oben) Fuggerkammer mit Raifensteiner Kasten (1460), Himmelbett, gotischer Tisch. Bild über der Türe von Ludwig Penz (Dürerschüler)

12 (links unten) Frauenstüberl mit Renaissancemobiliar sowie Utensilien des täglichen Bedarfs

13 (oben) Ausschnitt aus dem Habsburger Stammbaum: Kampf Rudolfs I. von Habsburg gegen Ottokar von Böhmen (1278). Beginn des 148 Figuren umfassenden Stammbaumes

14 (rechts) Erker im Habsburgersaal mit Fresken der Familie von Halden. Besitzer des Schlosses von 1694 bis 1732

15 Habsburgersaal: Stammbaum der Habsburger, gemalt 1504 bis 1508

16 Königinzimmer mit aufwendiger Renaissancedecke, um 1560

17 Maximiliankammer aus der Erbauerzeit mit gotischer Kassettendecke

18 Altarbild aus dem 16. Jahrhundert, Donauschule   19 Hl. Georg und Hl. Florian

20 Die Schloßkirche wurde 1508 eingeweiht. Schönes Kreuzrippengewölbe

Anno a nti dni Millesimoquinge
tesimo octavo die vicesima mensis
Augusti. R'dus in xpo pr̄ et dns Co
radus dei et aplice sedis gra Epūs Fel
timen̄ Ac R'mi in xpo pr̄is et dn̄i D Mel
chioris Cardinalis ec̄ in pontificalibus
Suffraganeus gn̄alis. Consecravit hanc Capellam in
Tratzperg et in ea sinxit altare in honore S. Katherine vir
gis et martiris et om̄ sctarū virgi' Instituens festu de
dicationis eiusd' Capelle et om̄ altariū ibm̄ Do'ca proxi
ma p' festū S. Bartholomei solen̄iter celebrari. Conce
dens indulgencias om̄ibus vere penitetib' confessis et
contritis qui in N'tis circūcisionis Ephie Cene dn̄i
Resurrectiōis Ascensionis Penthecostes Trinitatis Bea
tissime virgis marie quotiens in anno occurrerit Bea
torū Petri et pauli ac alioru apl'orū Necnon dedica'ōis
Capelle altariū sctōrū et om̄ patronorū festivitatib'
Ad eand' convixerit et devote visitaverit. Aut de bonis sibi
a deo collatis man' porexerit adiutrices Aut qui circa
pulsū an' Salutatiōis mane vel vesperi flexis genibus
tria ave maria devote dixerit qdraginta dies indulgē
tiarū de iniunctis sibi penijs misericorditer in dn̄o relax
avit iux' tenorē lr̄arū desuper editarū Dat' et actū an
no Mense die et loco quibus sup'. 1508.

22 Totenschild des Hieronymus Fugger, 1633

21 (links) Einweihungsurkunde der Schloßkirche mit Hl. Katharina

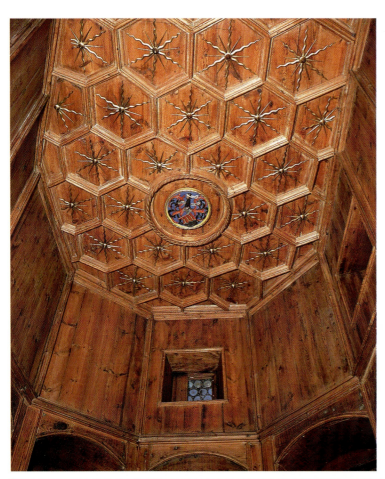

23 Erker in der Fuggerstube: prachtvolle Kassettendecke mit goldenen Sternen

24 Frühbarockes Kästchen: Bronze-Tischbrunnen mit Neptun von Wurzelbauer, Nürnberg, ca. 1600

25 Tisch mit aufwendiger Einlegearbeit, um 1520

26 Gotische Türe (Frauenstüberl) mit reichverzierten Türbändern

27 Rüstkammer: umfangreiche Sammlung, 1993 neu gestaltet

28 Turniergemälde von Hans Schäufelein, um 1509

Lieber Gesöll, wie mag das zugahn?
Meyn Gesöll, sitz dich nieder und schreib mir gantz geschwind
Und mach eyn X für eyn U,
Nimb das Kalb zu der Kuh, –
Also, lieber Gesöll, gaht es zu!«

1607 finden wir: »Gedult yberwindt alles!«, und von anderer Hand hinzugesetzt: »Sonderlich, wenn eyner eyn bösses Weib hat!«

»Fressen, Saufen, Spazierenfaren,
Zu Nacht schöne Frauen haben –
Brauchen wird er, was er besitzt,
Da bleybt im noch das Jüngst Gericht.« 1604.

und:
»Halt dich frisch und schlecht (schlicht),
Eyl nit, bedenckh's recht!« 9. Februar 1637.

Darunter befindet sich auch der bekannte Leibspruch Kaiser Maximilians:

»Ich leb, waiss nit wie lang
Und stürb, waiss nit, wann,
Muess faren, waiss nit wohin,
Mich wundert, das ich so frelich bin«

in der Zierschrift der damaligen Zeit. Es erscheint nicht ausgeschlossen, daß Maximilian selbst ihn diesem »Stammbuch« einverleibt hat, wenn auch wohl ursprünglich in einfacherer Schrift.
Die Inschriften sind wohl nicht bedeutungsvoller als heutige bei solchen Gelegenheiten, doch mögen sie festgehalten werden, ehe diese flüchtigen Zeichen der Zeit ganz verschwinden.
Simon Tänzl war schon 1525 gestorben und seine Frau fünf Jahre vor ihm. Die Kinder waren die Erben von Tratzberg, und der zweite Sohn, Kaspar Joachim, der mit einer Katharina Baumgartner aus

einem Nürnberger Geschlecht verheiratet war, hatte, wie wir sahen, zu Veit Jakobs Lebzeiten bereits seine Zimmer im Schloß, die mit dem Tänzlschen und Baumgartnerschen Wappen geschmückt waren.

»1552 brechen die Gewerken Stöckl finanziell zusammen und reißen die Tänzl mit sich«, schreibt Dr. Erich Egg in dem oben zitierten Aufsatz. Trotz des großen Besitzes, der ihm zu eigen war, wuchsen die auf dem Vermögen des Kaspar Joachim liegenden Lasten zu einer Höhe an, daß er sich veranlaßt sah, zur Befriedigung seiner Gläubiger seinen ganzen Besitz in Tirol dem Mathias Manlich aus Schwaben (die Tochter des Kaspar Joachim hatte einen Marx Manlich, dessen Bruder, geheiratet) gegen die Verpflichtung zur Bezahlung der Schulden nach Einholung des königlichen Konsenses einzuantworten.

Dieser Vertrag (eine alte Abschrift davon befindet sich im Tratzberger Archiv G VI–17) wird nach ausführlichen Verhandlungen mit den Gläubigern und nach dem zwischenzeitig erfolgten Ableben des Kaspar Joachim am 23. Oktober 1553 von König Ferdinand konfirmiert. Er gibt ein ausführliches Bild der damaligen Vermögenslage.

Obschon ein Teil der Gläubiger ein Viertel ihres Guthabens, andere zwei Fünftel nachzulassen sich bereit erklärten, belief sich die Gesamtforderung auf 76 462 Gulden 31 Kreuzer.

Bezüglich der »Varnus«, also der Mobilien, wurde beschlossen, daß »den Kindern des Kaspar Joachim das Silbergeschirr, Ring, Leib-, Kleidwäsche, Harnisch folgen und bleiben soll, dann Frau Katharina, geborene Baumgartnerin, Tänzls Wittibin, soll folgen und zustehen ihr Wittibrecht, wie Landes- und Adels-Gebrauch ist und die übrige Varnus, ausser niet und nagel, soll in zwei gleichen Teil geteilt und der ein Teil dem Manlich und der ander Teil den Kindern folgen«.

Unter denen, die Forderungen zu stellen hatten, erscheint auch noch die Witwe des Veit Jakob, die damals wohl bei 70 Jahre alt gewesen sein muß. Sie hatte schon 1530 nach dem Tode ihres Mannes ihre Ansprüche gegen die Erben, die Kinder des Simon, geltend gemacht (Prozeßakten LRAI, Nr. 411, 139). Vermutlich hatte sie großes Vermögen in die Ehe mitgebracht und wohl auch in den Bau von Tratzberg investiert.

Die Witwe des Kaspar Joachim muß sich weiterhin in sehr bedrängten Verhältnissen befunden haben, denn sie erhielt aus landesfürstlichen Mitteln ein Gnadengeld von 100 Gulden.

Doch haben sich die Tänzl, aus Tirol nach ihren bayrischen Besitzungen ausgewandert, recht bald wieder finanziell erholt.

Mathias Manlich (1552–1554)

Mathias Manlich war Sr. Römisch-Königl. Mj. Rat und scheint ein großer Finanzmann gewesen zu sein, der sich des Wohlwollens des Königs erfreute. Der Betrieb des Silberbergbaues durfte durch das Ausscheiden der Tänzl als Gewerken nicht Schaden leiden, bedurfte aber sehr geldkräftiger Unternehmer, und deshalb begünstigte König Ferdinand Manlich mit einigen Erleichterungen bei der Ablösung des gewonnenen Silbers, wie er das auch schon den Tänzl gegenüber getan hatte.

Manlich behielt Tratzberg aber nur zwei Jahre, um es dann laut Vertrag vom 29. Jänner 1554 seinem Vetter Georg Ilsung zu verkaufen[61]. Die Ratifikation durch Kaiser Ferdinand ist vom 17. Juni 1558 datiert[62].

Die vielleicht dem Mathias Manlich zuzuschreibenden baulichen Veränderungen und Ausstattungen werden, da seine Urheberschaft nicht mit Sicherheit nachzuweisen ist, bei der Schilderung der diesbezüglichen Tätigkeit seines Nachfolgers Georg Ilsung erwähnt werden.

[61] Tratzberger Archiv, G VI-18.
[62] Tratzberger Archiv, G VI-19.

Georg Ilsung und die Umgestaltung Tratzbergs (1554–1580)

Im selben Jahre 1554 löste Ilsung dann auch noch den anderen Teil des Hausrates und der Rüstkammer den Tänzl ab, die diese Fahrnisse offenbar noch in Tratzberg gelassen hatten, so daß nun alles

in seiner Hand vereinigt war (Tratzberger Archiv, G VI sub 18). Die Ilsung waren eines der ältesten Augsburger Patriziergeschlechter, die ihr Herkommen auf einen Fridericus Ilsung ex comitibus Moringensibus 1178 zurückführen wollten.

Auf der Marmorinschrifttafel, die Georg über dem Einfahrtstor im Hof anbringen ließ, lesen wir: »Georgius Ilsung de Tratzberg Equest. ordinis Carolo V. Ferdi. 1. Maximil° II. Imperatorib. Ferdi° et Carolo Austriae Archiducib. Aconsiliis utriusque suaeviae et Neuburgi ad Rhenu praefectus ad priscae Religio. virtutis et quietis studiu posteris colendum sedem hac asylumqu. constituit, A° DLXXI«.

Der neue Herr von Tratzberg war kunst- und prunkliebend, stand in verwandtschaftlichen Beziehungen zu Erzherzog Ferdinand von Ambras, da seine Frau, geborene Löbl von Greinburg, eine Kusine der ersten Frau des Erzherzogs, der Philippine Welser, war. Die Mütter der beiden Frauen waren Schwestern Adler. In den Religionskämpfen seiner Zeit hält er streng am alten katholischen Glauben fest.

Ilsung baut das Schloß zu einem geschlossenen Viereck um einen geräumigen Hof aus, indem er den jetzigen bergseitigen Trakt zwischen der Kapelle und der nordwestlichen Ecke und von dort bis zum Tortrakt an Stelle der früheren Wehrmauern bzw. Ökonomiegebäude aufführt.

In der hofseitigen Mauer dieses Baues steckt anschließend an die Kapelle und von dort bis zum ersten Fenster des Neubaues im ersten und zweiten Stockwerk die alte Abschlußmauer des Hofes. Sie ist an der größeren Dicke, am Dachboden auch daran zu erkennen, daß der Holzwehrkranz, der an der Ostseite des Schlosses und um die Kapelle herum auch außen noch besteht, unter dem Dach des Neubaues an dem genannten hofseitigen Mauerrest sichtbar geblieben ist. Im Gewölbe zu ebener Erde reicht diese alte dicke Mauer noch bis unter das dritte Fenster des Neubaues, von der Kapelle an gezählt.

In der Nordwestecke wird das vorhandene Gebäude (Pfleghaus) in den Neubau einbezogen, was sich ebenfalls noch an verschiedenen Höhenniveaus der Böden, verschiedenen Mauerstärken und an den noch spätgotischen steinernen Fensterstöcken und dicken Eisengittern vorilsungischer Zeit erkennen läßt. Gleichzeitig findet aber auch ein Umbau dieses Eckgebäudes mit dem runden Eckturm statt. (Der Innenraum des Eckturmes wird durch Ausbrechen der Mauern um etwa ein Drittel ihrer Dicke geräumiger gemacht und mit größeren Fensteröffnungen versehen.) Der Einbau des Gewölbes der jetzigen Küchenvorhalle und der Anschluß an den Tänzlischen Bau bis zum Torraum wird ebenfalls durchgeführt.

Dieser Bau hatte als Hauptzweck, den Hof stattlicher und architektonisch einheitlicher zu gestalten und dem ganzen Schloß Renaissancecharakter zu verleihen. Der Neubau wurde in diesem Sinne mit Stockwerk- und Dachgesimsen horizontal und durch aufgelegte Marmorpilaster vertikal gegliedert, die Fenster dazwischen in Blendnischen untergebracht, die einen Einklang zu den Bogengängen herstellten, und schließlich der Neubau wie auch die Mauern des Tänzlbaues einheitlich architektonisch bemalt. Am Ilsungschen Neubau haben sich Teile dieser Malerei noch erhalten oder kommen unter der späteren Übertünchung wieder zum Vorschein. Am Tänzlbau sind nur spärliche Farbreste noch zu sehen, wohl aber läßt sich die ursprüngliche Vorzeichnung noch an den Einritzungen im alten Verputz, soweit er noch erhalten ist, deutlich erkennen und feststellen, weshalb die alten Verputzstellen, wenn auch keine Malerei zu sehen ist, möglichst erhalten werden sollten.*

Die Gesimsebemalung der Nordwand ist reicher und feiner, auch färbiger und haltbarer, die der Westwand einfacher und gröber, unter Verwendung von mehr Gelb und kaum Blau ausgeführt.

Die Fertigstellung der Malerei scheint Ilsung aber nicht mehr erlebt zu haben. Unter der Tünche am Mittelfenster des ersten Stockwerkes des Bergtraktes kamen die Wappen Ilsung und Löbl auf gemalten Trophäen zum Vorschein (während keine anderen Wappen sonst in der Hofmalerei Platz fanden). Eine Jahreszahl, die sich am oberen Gesimse über dem Mittelfenster des Westtraktes befindet, jedoch teilweise zerstört ist, läßt sich aber noch unzweideutig als MCCCCCC lesen, darunter PD und noch darunter ein kleines M. Die Jahreszahl 1600 würde den Abschluß der Malereien bedeuten,

* Die Malerei des Innenhofes wurde zwischen 1969-73 unter Georg Graf Enzenberg nach Skizzen seines Vaters Sighard Graf Enzenberg vom Innsbrucker Restaurator Wilhelm Ghetta wiederhergestellt.

und so wäre demnach erst unter der Tochter Ilsungs, vermählt mit Jakob Fugger, als Besitzerin von Tratzberg, diese Fertigstellung erfolgt. PD ist der Maler, was auch das kleine M darunter andeutet. Der bekannte Maler und Glasmaler Paul Dax war 1600 schon tot. Doch könnte der Hauptteil der Arbeit von ihm sein, und sein Enkel, ebenfalls Paul Dax, der auch malte, die Arbeit vollendet haben. (Nach Mitteilung von Dr. Hans Wieser vom 10. August 1937 erhielt dieser Paul Dax II. am 20. Juli 1599 in Innsbruck von der oberösterreichischen Regierung für zwei gemalte Wappen 1 Gulden.)
Eine weitere Änderung, die aber vielleicht schon Mathias Manlich zuzuschreiben ist, erfolgte durch den Aufbau eines offenen Ganges über der Galerie im ersten Stockwerk des Südtraktes. Der Tänzlsche Bau hatte im zweiten Stockwerk keine Verbindung von den Zimmern der Ostseite zu denen der Westseite. Die hofseitige Dachfläche über dem Habsburgersaal deckte auch noch den Gang des ersten Stockwerkes, so daß dieser Dachflügel auf die Höhe des jetzigen Fußbodens des Zweitenstockganges herabreichte. Die nachträgliche Anbringung dieses Verbindungsganges von der Ostecke (Tänzlzimmer) zur Westecke (Maximilianzimmer) im zweiten Stockwerk erforderte eine Hebung des Dachflügels. Dieser wurde weniger steil gestaltet, so daß auch noch der Gang im zweiten Stockwerk unter ihn eingebaut werden konnte.
Diese Änderung des Dachstuhles läßt sich noch deutlich an der heutigen Dachkonstruktion erkennen. Die alten Dachrafen zeigen noch die frühere Benagelung mit Schindeln, und auch der oben erwähnte Malereirest beweist die Art der Änderung.
Die Bögen dieses neuen Ganges werden von Säulchen aus demselben Konglomeratmarmor getragen, den auch schon die Tänzl verwendeten. Die Form der Säulchen entspricht aber nicht der Zeit und dem von Ilsungs Architekten bevorzugten und überall von ihm angewandten Stil der Renaissancesäule, sondern ähnelt den in den Kellern verwendeten Säulen, die über ein halbes Jahrhundert älter sind. Merkwürdig ist auch, daß sich dieselbe Säulchenform an dem unzweifelhaft von Ilsung aufgeführten bergseitigen Bau in Stucko wiederfindet, und zwar dort nur aus dekorativen Gründen zwischen den über Eck gestellten Fenstern des ersten und

zweiten Stockwerkes neben dem Wendeltreppenturm des Ilsungbaues.

Der getäfelte Plafond des offenen Ganges im zweiten Stockwerk zeigt erste reine Renaissance und gleiche Arbeit wie die Täfelungen der Hofmeisterzimmer (siehe Farbteil, Abb. 5), zu denen dieser Gang auch führt. Vom selben Tischlermeister könnte auch noch das Getäfel der Jägerstube im Parterre sein. Dieses Getäfel unterscheidet sich von dem der Tänzl-Baumgartner-Stube, welches, wie auch das des Turmwärterstübls, noch keine reinen Renaissanceprofile verwendet und bei dem sich noch Reminiszenzen an gotische Motive finden, wie auch von den Getäfeln, welche Ilsung 1560, 1561 und 1562 im Stile der sogenannten »deutschen Renaissance« mit den »Rollwerk«-Motiven (erfunden von Conrad Floris in Antwerpen 1550) ausführen ließ. Während diese letzteren mit eingelegten Jahreszahlen die Zeit bestätigen und durch das verschiedentlich angebrachte Wappen Ilsung als Bauherren verherrlichen, gibt die vorgenannte Gruppe von Getäfeln weder Zeit- noch personelle Daten. Es mag sein, daß Ilsung im ersten Dezennium seines Besitzes von Tratzberg einen anderen Tischlermeister hatte und erst später einen Meister fand, der nach Mustern von Kupferstecher Goltzius den neuesten Stil zur Anwendung brachte. Es wäre aber ebenso möglich, daß dieser Unterschied der Ausstattung im Auftraggeber gelegen war und die drei früher genannten Renaissancegetäfel (Hofmeisterstube, Jägerstube und Plafond des neuen Ganges im zweiten Stockwerk) dem Vorgänger im Besitz noch zuzuschreiben sind, der damals über kein adeliges Wappen verfügt zu haben scheint, daher auch diesen Schmuck, der ein Anhaltspunkt zur Datierung gewesen wäre, nicht anbringen konnte. Aus der Kaufurkunde ist lediglich zu sehen, daß Manlich siegelte. Da das Siegel aber fehlt, ist nicht zu erkennen, ob mit einem adeligen Wappen. Aus Augsburger Quellen scheint hervorzugehen, daß er den Adel damals noch nicht besaß.

Das Bedürfnis, Bauherrn und Meister an dem Werk zu verewigen, zeigt sich aber doch auch hier. In einem der kleinen Kapitelle, die die Pilaster am Wandgetäfel in der Hofmeisterstube abschließen, finden sich zwei geschnitzte Köpfchen, der eine ein Herr mit Barett auf dem Kopfe und mit Knebelbart, der andere kurz geschoren und bartlos. Es werden wohl der Bauherr und der Meister gewesen sein, die einander da gegenüberstehen. Da aber auch Ilsung, wenigstens in alten Tagen, einen bis zu den Hüften reichenden langen Bart in zwei Strähnen trug, bleibt es ungewiß, ob sich diese Porträtierungsversuche auf Ilsung oder Manlich und seinen Tischlermeister beziehen und die Ausstattung der Hofmeisterzimmer Ilsung zugeschrieben werden kann oder in die kurze Besitzperiode des Manlich zu verlegen ist. Wahrscheinlich ist letzteres der Fall.

Die Räume vom Habsburgersaal bis zur Kapelle scheinen von Tänzl her sich noch im Rohbau ohne Ausstattung befunden zu haben. Ilsung läßt sie täfeln und mit Wandbehängen wohnlich machen. Es paßt ihm jedoch nicht, daß das Erkerzimmer, welches der Prunkraum werden soll, nur durch den Nebenraum zugänglich ist. Der Nebenraum ist, wie heute noch die Halle im Stockwerk darüber, groß und, da nur mit einem Fenster versehen, düster. Das soll anders werden. Die Vorhalle soll durch mehrere Fenster freundlich werden und das Eckzimmer einen eigenen Eingang von den Bogengängen im Hof erhalten. Diese Umgestaltung wird auch, unbekümmert um die Schwierigkeiten, die sich dem Plan entgegenstellen, durchgeführt, bringt aber die im folgenden genannten Änderungen mit sich:

Die Vorhalle (jetzt Ilsunghalle genannt) hat vom Gang aus ein feierliches gotisches Marmorportal. Rechter Hand führt die Türe – wie im oberen Stockwerk – in das Erkerzimmer (hier Königinzimmer). An der Außenwand gegen Jenbach in der Mitte ein Fenster, daneben rechts – ebenfalls wie oben – ein »geheimb Gemach«, links in der Ecke ein offener Kamin zur Beheizung. Um noch Fenster links und rechts vom bestehenden anbringen zu können, muß der Abort weiter in die Ecke gedrängt werden, wodurch aber die Konstruktion des Abfallschlauches des oberen Abortes gestört wird. Für das andere Seitenfenster muß Platz werden durch Beseitigung der Feuerstätte. Da aber auch das noch nicht für die drei Fenster genügend Raum schafft, wird auch noch die linke Mauer selbst in ihrer ganzen Länge um gut die Hälfte ihrer Stärke ausgebrochen und nur in der Ecke bei der Hofwand so viel belassen, daß der

Kamin von der darunter befindlichen Waschküche Platz findet! Weil diese Mauer aber auch die dicke Mauer des oberen Stockwerkes zu tragen hat, bleiben im oberen Teil dieser geschwächten Wand Konsolen stehen, damit die darauf lastende Wand des zweiten Stockwerkes nicht mit der Hälfte ihrer Stärke in der Luft hängt. – Ein unverantwortliches Unternehmen gegen die solide alte Bauweise! Die drei eng aneinander stehenden Fenster machten es ebenfalls nötig, die ganze starke Außenwand (Ostfront des Schlosses) um die Hälfte ihrer ursprünglichen Stärke auszubrechen und dafür durch zwei Säulen die schweren Mauern des oberen Raumes zu stützen. Nun war aber die Heizmöglichkeit noch unterzubringen, wozu nur ein Platz geeignet erschien, nämlich dort, wo auch der Kamin für das Königinzimmer sich in der Wand befand. Die Tür, die von der Vorhalle ursprünglich ins Erkerzimmer führte, mußte verlegt werden, weil sie mit dem neuen Durchbruch für den direkten Zugang vom Gang in die Ecke des Erkerzimmers sich nicht vertragen hätte, und da blieb nur mehr der schmale Raum zwischen dem jetzigen offenen Kamin und dem Abort zur Verfügung – keine schöne Lösung für den Eingang in das Prunkgemach!

Der neue Eingang vom Kreuzgang aus ins Erkerzimmer erforderte aber weiter die Verlegung der Türe ins Frauenstübl (wobei aus der ehemaligen Türnische ein Wandkasten wurde) in die Mitte der trennenden Wand, wodurch gleichzeitig erreicht werden sollte, daß alle Türen im ersten Stockwerk der Talfront in einer Achse liegen. Auch das mußte umständlich und rücksichtslos erzwungen werden, denn an der Stelle, wo die neue Türe ausgebrochen wurde, verlief der Kamin, der von der alten Schloßküche im Parterre heraufführt. Zwangsläufig mußte auch dieser mit einem Umweg in der Mauer so verlegt werden, daß er über dem Türdurchbruch wieder den Anschluß an den alten, natürlich weiten, schliefbaren Kamin erhielt.

Zum Glück aber sind die Mauern so stark, daß sie diese Wühlarbeiten aushielten, ohne weiteren Schaden zu erleiden.

Andere Ausbrüche nahm Ilsung noch vor, um große Wandkästen im Königinzimmer anzubringen, dann, um den Eingang vom Gang im ersten Stockwerk neben der Kapellentür in den neuen Trakt zu

Vorplatz mit Ilsung-Portal

schaffen. Die letztgenannte Tür neben der Kapelle ließ er, wie auch das Schloßtor außen und im Hof sowie den Hofeingang zu den Parterregewölben im neuen Trakt durch vorgestellte Ganz- oder Halbsäulen aus Rotmarmor schmücken, die, wie die in der Ilsunghalle, auf Sockel mit dem Ilsungischen Wappen stehen und einen Architrav mit oder ohne Giebel tragen.

Die Pechnase, die sich fast sicher über dem äußeren Schloßtor an Stelle des jetzigen großen Fensters befand, wurde abgebrochen. Schußlöcher in der Kapelle vermauerte er, ebenso die Stufenschießscharte am jenbachseitigen Turm im Dachboden und ließ an der Westfront des Schlosses ein Gesims unter dem Dachrand ziehen. Die kleinen Fensterlucken für den Dachboden vor dem Turmwärterstübl vermauerte er, ließ die Tür, die zwischen diesen Dachlucken ins Freie ging, um Sachen aufziehen zu können, durch ein Fenster ersetzen, das die Fensterreihe im zweiten Stockwerk vereinheitlichte. Weiters ließ er den abgewalmten Giebel, der den Dachboden vor dem Turmwärterstübl gegen Westen abschloß, bis zur Höhe des Maximinilianzimmertraktes abbrechen und das Dach dementsprechend umkonstruieren, bis eine einheitliche Schloßansicht erzielt war.

Wahrscheinlich verschwand bei dieser Umgestaltung auch der höl-

Bild rechte Seite: Vorplatzarkaden mit Mittagsspitze

zerne Wehrkranz, der wie gegen Ost so auch über den Maximilianzimmern bestanden haben dürfte.

Der Platz vor dem Schloß mit den Arkaden gegen das Tal, die Stiegentürmchen zu den Terrassen sowie diese selbst sind durch Ilsung geschaffen worden, wobei die Herstellung des Vorplatzes durch Aufschüttung eine Verlängerung des westlichen Lichtkanals im Keller nach oben erforderte.

Schließlich erhielt das ganze Schloß auch außen neuen Verputz*, die Fenster gemalte architektonische Einfassungen mit Giebeln, wovon noch verblaßte Reste an der Talfront zu sehen sind. Über dem Schloßtor neben dem großen neuen Fenster waren Wappen angebracht, wovon nur mehr Spuren zu sehen sind (Reste links über dem Tor Ilsung, darüberliegende Schicht vielleicht Halden?). Die Renaissanceverkleidung des inneren Tores, über welchem Ilsung die Inschrift mit der schönen Widmung anbrachte, verstellt mit ihren Sockeln und Säulen das einstige Nebenpförtchen, das deshalb auch zugemauert wurde. Dem Renaissancerundbogen zuliebe wurde der gotische steinerne Spitzbogen des Portales am inneren Tor zum Rundbogen ausgeschnitten, auch die Torflügel des inneren Tores entfernt.

Eine Mauer umfing im Zusammenhang mit den Zwingerstiegen und den Terrassen (die unterste Terrasse ging noch ein gutes Stück weiter gegen Jenbach zu) das Schloß und bildete die Grenzen des engeren Burgfriedens. Von der gegen Osten verlängerten untersten Terrasse ging nämlich die nun stark verfallene Mauer im Wald bis zum »Narrensteig« hinauf, dort verliert sie sich, wird jedoch den Anschluß hinter dem Schloß herum wieder zur Mauer auf der Westseite und den Zwingertürmchen gehabt haben.

Die Inneneinrichtung der Ilsungzeit

Die erwähnten Täfelungen im Stile der deutschen Renaissance finden wir im Königinzimmer, Ilsunghalle und Teufels-(Kapellen-)zimmer, am prachtvollsten wohl im Königinzimmer. Von dem diesen Raum schmückenden Plafond wird erzählt, daß sieben

---

* Der heutige Verputz wurde in den Sommern 1993/94 renoviert und nach historischem Muster neu erstellt.

Tischler und sieben Gesellen sieben Jahre und sieben Monate daran gearbeitet hätten, und vorausgesetzt, man wüßte, wo der Anfang zu machen wäre, könnte man den ganzen Plafond wie ein Zusammensetzspiel wieder zerlegen und auf sieben Fuhren verladen.
Während die Eckzimmer Königin- (siehe Farbteil, Abb. 16) und Teufelszimmer neben dem tragenden Tram noch einen ihn rechtwinklig durchschneidenden Zierbalken zeigen, so daß vier Felder entstehen (echte kassettierte Decken), zeigt die Ilsunghalle als Durchgangszimmer nur den einen tragenden Balken.
So groß auch die Wirkung der Renaissancegetäfel, vor allem im Königinzimmer, auf den Beschauer durch den prachtvollen Eindruck des Ganzen ist, so zeigen doch die Einzelheiten, vor allem an Wandgetäfel und Türen, nicht mehr ganz dieselbe liebevolle Versenkung und das geschmackvolle Maßhalten in jedem einzelnen Zierat, wie sie die gotischen Arbeiten auszeichneten.
Bezüglich des Meisters dieser Renaissancearbeiten (oder eines derselben) gibt uns der Bericht eines Verwalters an Georg Ilsung einen Hinweis, in dem es heißt, der Meister Hans habe jetzt auch (wahrscheinlich wegen der Winterszeit) die Arbeit eingestellt. Da nun um diese Zeit, nämlich 1562 bis 1569, auffallend ähnliche Arbeiten im Fürstenchor der Innsbrucker Franziskanerkirche von einem Meister Hans Waldner hergestellt wurden, dürfte bei den engen Beziehungen zwischen Ilsung und Philippine Welser wenigstens ein Teil der Tratzberger Arbeiten wohl auch diesem Meister zuzuschreiben sein. Besonders die Gestaltung der Kassettierung, die Rosetten und die intarsierten lateinischen Bibelsprüche zeigen große Ähnlichkeiten (vgl. Schönherr: »Das Grabmal Kaiser Maximilians«, S. 248f.). Ilsung stand auch in ständiger brieflicher Verbindung mit dem Erzherzog.
Bei den Schlosserarbeiten zeigt sich die Zäsur zwischen den beiden Stilen deutlicher und früher als bei den Täfelungen (die in der Tänzlischen Spätzeit, etwa in der Tänzlstube, bei Renaissanceformen doch noch keine sprunghafte Andersartigkeit zeigen). Offenbar wegen der geringeren Dicke der Türflügel wurde schon damals der Mechanismus des Schlosses nach außen verlegt, was zu einer besonders gefälligen Gestaltung dieses Mechanismus selbst zwang,

während die übrigen Türzierate, mit Ausnahme einfacher Türbänder und ebensolcher Türgriffe, wegfielen, insbesondere die Schloßplatten. Diese offenliegenden Schloßmechanismen sind teilweise sehr reizvoll, da z. B. die geschwungenen Federn gleichzeitig als Schmuckmotiv verwendet werden. Dies bleibt auch bei den Schlössern der Ilsungzeit im wesentlichen gleich, nur treten die Schlosserarbeiten neben den eingelegten Türfüllungen immer mehr zurück.

Von der Verglasung und Verbleiung der Fenster haben wir im Zuge der Beschreibung der Tänzlschen Raumgestaltung nicht gesprochen, war doch die der Spätgotik und Renaissance gemeinsame Verglasungstechnik die Vorbedingung der von den Tänzl angelegten großen Räume: Diese verlangten stärkere Belichtungsmöglichkeiten durch große Fenster, was in früheren Jahrhunderten für Privaträume wegen der Verglasungsschwierigkeiten kaum denkbar gewesen wäre. Erst die Erfindung der Herstellung von Butzenscheiben erleichterte die Verglasung größerer Fensterflächen – sie ist eine jener kleinen Erfindungen, die das Aussehen der menschlichen Umwelt entscheidend veränderten.

Diese Butzenscheiben wurden hergestellt, indem Kugeln (wie für Glasgefäße) geblasen und dann zusammengequetscht wurden, wobei der Ansatz des Blasrohres in der Mitte als Erhöhung (Butzen) sichtbar blieb. Diese Art der Verglasung, die ein besonders mildes und warmes Licht ergibt, blieb auch in der Ilsungzeit dieselbe, während man später die runden Böden von Flaschen zur Verglasung verwendete, so daß die Butzen wegfielen und das Licht heller wurde. Es läßt sich nicht nachweisen, ob die letztere Art der Verglasung in Tratzberg je zur Verwendung kam.

Da die Butzenscheiben wohl Licht hereinließen, aber bei geschlossenen Fenstern keinen Blick nach außen gestatteten, half man sich, wie z. B. im Erker des Hofmeisterzimmers, mit kleinen, etwa 5 cm langen und 2 cm breiten Schubern im Fensterrahmen, die, geöffnet, einen Blick ins Freie zuließen.

Die Fenster selbst waren ursprünglich, meiner Erfahrung nach, wenigstens in Tirol, wo es anging, als Schubfenster konstruiert, die beim Öffnen in seitliche Taschen zurückgeschoben wurden, wofür wir in Tratzberg noch einige Beispiele haben: im Hofmeisterzimmer, die Dachbodenfenster in der Südostecke des Schlosses, Fenster im Frauenstübl gegen den Hofgang, sowie alle Fenster des Stiegenturmes. Wo der Platz fehlte oder die Zugluft mit größerer Sicherheit vermieden werden sollte, wurden wohl auch schon in der Bauzeit des Schlosses Flügelfenster verwendet, jedoch stets solche mit einem feststehenden Fensterkreuz, während die Flügelfenster ohne ein solches erst viel später aufkamen.

Von den Beheizungsanlagen stammen aus der Zeit der Erbauung des Schlosses nur die zwei offenen Kamine im Habsburgersaal und im Jagdsaal und die an Stelle solcher gotischer Kamine getretenen offenen Renaissancekamine Ilsungs. Jene gotischen offenen Kamine befanden sich vorwiegend in den »Hallen«, sollten diese wohl nur ein wenig anwärmen und dienten gleichzeitig als Heiz- und Schürloch für den Ofen der angrenzenden Stube.

Solche Kachelöfen sind uns in Tratzberg aus der Bauzeit selbst nicht erhalten, der älteste dürfte der im »Frauenstübl« aus der Imhoff- oder Haldenzeit sein.

Doch sind die Öfen, die unter Franz III. Graf Enzenberg um die Mitte und unter Überwachung durch Graf Artur Enzenberg gegen Ende des vorigen Jahrhunderts wiederaufgebaut wurden, zur Gänze aus alten Kacheln, zum großen Teil wohl aus Restbeständen der Tratzberger alten Öfen hergestellt, so besonders der in der Tänzlstube und teilweise auch in der Fuggerstube. Die Kacheln des »Fünf-Sinne-Ofens« (nach Stichen von Goltzius aus Haarlem) im Königinzimmer sollen aus Nürnberg stammen – ob der schöne Barockofen in der Jägerstube im Parterre aus ursprünglichen Tratzberger Beständen stammt, ist mir nicht bekannt. Den Ofen in der Maximilianstube brachte Artur Graf Enzenberg aus dem Vintschgau; er ist im wesentlichen alt, allerdings mit Ergänzungen.

Ausgang der Ilsungzeit (bis 1589)

Schon am 15. Juni 1561 hatte Ilsung König Ferdinand um einen Burgfrieden und niederen Gerichtszwang zu Schloß Tratzberg ersucht, und dieser gewährte die Bitte mit sehr ehrenden, aber nicht ganz klaren Worten: Der Burgfrieden und niedere Gerichtszwang sollte reichen »soviel die Maur und den Zaun oder den Umbfang desselben Schloss und die Güter darumb gelegen dies ringsweise umbfahen«[63].

Der Burgfriede bildete wohl einen Ausschnitt aus dem Gerichte Rottenburg. Im Theresianischen Kataster ist dieses Burgfriedens Umfang viel klarer beschrieben »von der Jenbacher-Bucher Grenze bis zur Staner Grenze und vom Inn bis aufs Joch reichend«.

Trotz des großen Aufwandes, den er für Tratzberg betrieb, und der königlichen Bewilligung von 1558, sich von, zu und auf Tratzberg schreiben zu dürfen, scheint Ilsung es vorgezogen zu haben, in Schloß Matzen, das er auch an sich gebracht hatte, im Winter aber in Augsburg zu leben.

Seinen großen Besitz ersehen wir aus seinem Urbar[64], wonach er nebst Tratzberg, Matzen und Maria Stein noch viele Höfe und Alpen besaß[65].

Er starb am 4. September 1580 und hinterließ den Besitz seinem einzigen ihn überlebenden Sohn Friedrich Ilsung, der auch Nachfolger des Vaters als Präfekt der Herrschaft Neuburg am Rhein war und, da kinderlos am 4. Dezember 1587 gestorben, seine Güter seinen beiden Schwestern Anna und Susanna vermachte. Am 29. Jänner 1589 ist der Teilungsvertrag der beiden Schwestern zustandegekommen: Anna, vermählt mit Jakob Fugger, übernimmt Tratzberg, während Susanna, verwittibte Schellenberg, Matzen und ein Kapital von 17000 Gulden bekommt. Die Rüstkammer in Tratzberg erhält zu eigen Jakob Fugger[66].

Wenn wir uns nun ein Bild des Schlosses um diese Zeit machen wollen (1589), sind wir im wesentlichen auf das angewiesen, was wir hier aus dem Augenschein und aus Nachrichten über die Baugeschichte zusammengetragen haben. Während von dem Wehrbau Tratzberg vor den Tänzl überhaupt keine Abbildung existiert, sind die vorhandenen Bilder des Schlosses vor dem 18. Jahrhundert durchaus in Kartenwerken enthalten, daher sehr klein (bis zu 1,5 cm Länge) und anscheinend auch ziemlich unzuverlässig. Es sind dies:

63 Unterschriebenes und gesiegelt, Original, Tratzberger Archiv, G VI-22.
64 Tratzberger Archiv, G IIa.
65 Tratzberger Archiv, G XIIIa.
66 Tratzberger Archiv, G VI-23.

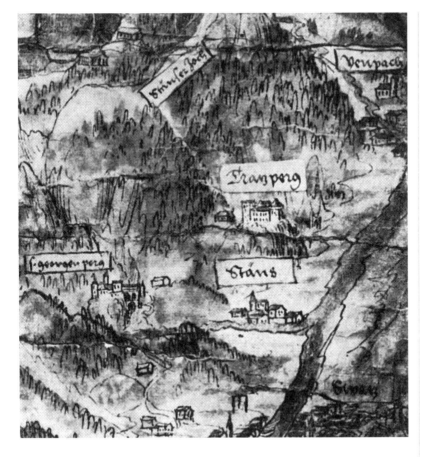

Paul Dax. Karte des Karwendels, Aquarell 1540, Ausschnitt mit Tratzberg

1. Karte des bayrisch-tirolischen Grenzgebietes im Achen- und Rißtal von Paul Dax, 1540, im Landesmuseum Innsbruck.
2. Karte von Burglechner: Achenthall, die Rüss, um 1620 (ebd.).
3. Große Karte von Tirol, um dieselbe Zeit, auch von Burglechner.
4. Karte des Zillertales, von 1611, im Archiv Lichtenwert.
5. Karte von Hilarius Duvivier, 1633, Finanzministerium Wien.

Wir können aber sagen, daß Tratzberg am Ende der Ilsungzeit von außen fast schon so ausgesehen haben dürfte wie heute. Doch bestand noch nicht die Fahrstraße, sondern ein Karrenweg führte, zuletzt ungefähr im Zuge des St.-Georgenberger-Waldweges, zum Tor.

Ein wenig unterhalb dieses Weges befand sich nahe dem Schloß der »kleine Riedt«, ein kleines Häuschen, so benannt im Gegensatz zu dem noch bestehenden, ferner und tiefer gelegenen Hohen Riedt, jetzt Riedhof. Bei dem kleinen Riedt stand auch das Waschhaus. Südöstlich war dem Schloß das Fischerhäusl vorgebaut. Die Nordwand des Schlosses grenzte näher als heute an den felsigen Bergabsturz. Auch war der Schloßhof selbst wohl keineswegs eben wie heute, auch der Springbrunnen und sein Bassin werden noch nicht bestanden haben. Dagegen prangte der Hof im Glanz der teils schon fertigen, teils der Vollendung entgegengehenden Malereien. Das Innere des West-, Süd- und Osttraktes wird, wenn auch nur wenig von der alten Einrichtung auf uns gekommen ist, im Charakter des Ganzen nicht allzu unähnlich dem heutigen Bild ausgesehen haben; die Kapelle freilich war damals noch ganz so, wie die Tänzl sie gestaltet hatten, vor allem mit den drei gotischen Altären. Den Nordtrakt aber müssen wir uns in beiden Stockwerken, von der Kapelle bis zum Pfleghaus in der Nordwestecke, vollkommen leer, ja sogar ohne Raumeinteilung vorstellen.

Die oben beschriebene äußere Mauer um die Terrassen und an der Ostseite des Schlosses hob wohl auch noch ein wenig den wehrhaften Charakter des Schlosses, von welchem das Schloß selbst durch Ilsung so viel eingebüßt hatte.

Wenn wir uns bisher Tratzberg nicht ohne Maurer- und Malergerüste, ohne Hämmern und Lärm denken können und so Gelegenheit hatten, der Bautätigkeit zu folgen, so bietet die ruhigere Zeit der Fugger durch deren Bestandsaufnahmen und Inventare Gelegenheit, die Inneneinrichtung und ihren Wandel kennenzulernen.

Wir folgen nun diesen Inventaren, die uns zum erstenmal auch die Namen der Zimmer bringen, die heute noch beibehalten sind.

Die weitere Entwicklung

Die Fuggerzeit (1589–1657)

Der Neubau des Schlosses Tratzberg war also 54 Jahre lang im Besitze der Gewerkenfamilie Tänzl bzw. ihres Verwandten und »Liquidators« Manlich gewesen, sodann 35 Jahre in dem der Ilsung, deren Reichtum ebenfalls der aufblühenden neuzeitlichen Industrie entstammte. Ihnen folgten, wie wir gesehen haben, durch Erbgang die Fugger, deren Name geradezu das Symbol dieses industriell-kaufmännischen Beginnes der Neuzeit geworden ist und die das Schloß 68 Jahre, nämlich von 1589 bis 1657, besaßen.

Das berühmte Geschlecht, das von einem Webermeister am Lechfeld abstammte, war schon seit Generationen reich und angesehen, als dessen vierter Nachkomme, Jakob Fugger, 1570 Anna Ilsung von Tratzberg heiratete. Jakob war am Silberbergbau in Schwaz beteiligt. Wenn auch Tratzberg offiziell Eigentum seiner Frau blieb, wurden doch alle Inventare des Schlosses auf seinen Namen ausgestellt. Er hat es, wie aus diesen hervorgeht, selbst weiter ausgestattet, wenn auch keineswegs so reich, wie wir es uns vielleicht bei diesem Namen vorstellen.

Von dieser Ausstattung durch die Fugger ist zudem, als sie nach dem katastrophalen Niedergang der Tiroler Bergwerke Tirol verließen, fast nichts in Tratzberg zurückgeblieben. Doch ist aus Akten, die sich noch im Fuggerarchiv in Augsburg erhielten, lebhaftes Interesse des Jakob Fugger an der Geschichte des Schlosses zu ersehen. Er war es wohl, der für einzelne Zimmer im Schloß Bezeichnungen fand, die auf rein historische mittelalterliche Reminiszenzen sich beziehen. So geht die Bezeichnung »Königinzimmer« darauf zurück, daß Heinrich von Tirol, der infolge seiner Heirat mit Anna von Böhmen, der Letzten aus dem Regentenhause der Přemysliden, zum König von Böhmen gewählt worden war, der Königin als Morgengabe nebst anderen Schlössern in Tirol auch die (vortänzlische) Wehrburg Tratzberg verschrieben hatte. Die Bezeichnung »Hofmeisterzimmer« soll festhalten, daß Tratzberg einige Jahrzehnte, wie wir gesehen haben, als Pfand von den Freundsbergern, den Erblandhofmeistern von Tirol, innegehabt wurde. Aber auch die Geschichte des neuen Baues fand unter Fugger offenbar pietätvolle Pflege, wie die Bezeichnungen »Tänzlstube und -kammer«, »Maximilianstube und -kammer« in den Inventaren aus dieser Zeit beweisen[67]. Andere Bezeichnungen haben sich aus dem jeweiligen Gebrauch der Räume ergeben und waren wohl notwendig, um diese übersichtlichen Inventare anlegen zu können. Das Andenken Jakob Fuggers selbst ist in den Namen »Fuggerstube« und »Fuggerkammer« (»des Herrn Fugger Stuben«) lebendig geblieben.

Jakob Fugger starb am 7. Februar 1598, seine Frau am 21. Februar 1601. Im Besitze von Tratzberg folgte ihnen laut Inventar von 1621 (Fuggerarchiv) ihr Sohn Georg Fugger, geboren am 2. September 1577, vermählt mit Anna Maria Töring, Witwe Waldburg, die 1636 in Tratzberg starb und in St. Georgenberg begraben ist, woraus wohl hervorgeht, daß auch dieses Paar tatsächlich sich in Tratzberg aufgehalten hat. Georg starb kinderlos 1643. Er vererbte Tratzberg an seinen Neffen Leopold Fugger, Sohn seines Bruders Hieronymus (dessen Totenschild sich in der Tratzberger Rüstkammer befindet) und der Maria, geborene Fugger. Dieser endlich verkaufte am 14. Dezember 1657 die Herrschaft Tratzberg samt Rüstkammer, jedoch ohne sonstiges bewegliches Inventar (ausgenommen einige Betten, Stühle, Tische, Bänke, Bilder usw.) an Konstantin Imhoff und dessen Tante Barbara Fillin, geborene Stauberin, wozu zu bemerken ist, daß die Imhoff durch die Gattin Georg Fuggers d. Ä. (Großvaters unseres Jakob) mit den Fugger verschwägert waren.

Laut »Anschlag über das Schloß Tratzberg samt seiner Zugehörung« (Fuggerarchiv, S. 39–48), wohl um 1600, wurde der gesamte Besitz ohne Fahrnis damals mit 51 305 Gulden 20 Kreuzer geschätzt – jetzt wurde er um 33 000 Gulden verkauft.

Die in Tratzberg vorhandenen Fuggerporträts stellen keinen der

67 Fuggerarchiv Augsburg, 57, 1, 5, aus 1594.

Besitzer des Schlosses, sondern sämtlich Nachkommen des Bruders Hans des Jakob Fugger dar, sind aber aus der Fuggerzeit hier zurückgeblieben.

Den Fugger verdankt Tratzberg vor allem den schon S. 31 genannten Wasserleitungsvertrag mit dem Kloster St. Georgenberg. Wenn ich auch annehme, daß eine Zuleitung von dort schon früher bestanden hatte, so wurde sie sicher doch erst jetzt rechtlich verankert und technisch genau bestimmt. Die Zuleitung erfolgte bis etwa Mitte des 19. Jahrhunderts wie damals in Holzröhren, wozu es in der Urkunde des Wasserleitungsvertrages vom 2. November 1626[68] heißt, daß die Rohre, die bisher den Georgenberger Hof Haperg (heute Heuberg) zu versorgen hatten, nunmehr anstatt auf den ersten auf den dritten Wintling (Windling, Bohrerwindung) gebohrt werden sollen, das heißt die lichte Weite der Rohrbohrung auf die Größe der dritten Bohrerwindung erweitert werden sollte (solche Rohrwintlinge sind in den späteren Inventaren Tratzbergs des öfteren erwähnt).

Sonst sind uns außer den Kenntnissen, die uns die Inventare vermitteln und den Namen der Räume aus der Fuggerzeit Tratzbergs nur noch zwei Geschichten durch Tradition lebendig geblieben: Daß nämlich einer derselben in einer Nacht das Schloß verspielt und dann wieder zurückgewonnen habe, und die Geschichte vom Fuggerhund. Dieser vierbeinige Diener sei so intelligent gewesen, daß man ihn mit einem Korb, den er im Maul trug, täglich nach Schwaz zum Metzger geschickt habe, um das Nötige für die Küche von dort zu bringen. Eines Tages sei er aber von anderen Hunden auf dem Rückweg überfallen worden, die das Fleisch im Korb gewittert hatten. Um sich verteidigen zu können, mußte er den Korb fallen lassen, und so raubten die anderen Hunde das Fleisch. Als der Fuggerhund aber sah, daß nun doch nichts mehr zu retten sei, fraß er wenigstens selbst so viel er konnte. Es soll sich noch die Redensart erhalten haben: »Er macht es wie der Fuggerhund.«

Aus dem »Inventari des gantzen Hausrats zu Tratzberg« (Fuggerarchiv, S. 57 1, 5, aus 1594), das den späteren Inventaren von 1601, 1603, 1621 und 1644 zugrunde lag und sich von dem von 1592 kaum unterscheidet, lernen wir im wesentlichen die damalige Einteilung

[68] Originalpergament mit zwei Siegeln, Tratzberger Archiv, G VII-43.

und Verwendung der Räume kennen. Wir wundern uns dabei einerseits darüber, wie wenig sich eigentlich, wenn wir von dem Nordtrakt mit dem »unausgebautin Saal« absehen, an der Einteilung geändert hat; anderseits darüber, daß auch unter den Fugger die meisten Räume sehr spärlich möbliert waren.

Das Inventar geht vom Dachboden aus, wo sich allerlei Holzvorräte, Schindeln und Arbeitsgeräte sowie schadhafte Mobilien (»Stiel-Stühle – so nichts mehr nutz«) befinden.

Im »oberen Gang« (zweites Stockwerk) beginnt es mit den »Kaiser-Maximilian-Zimmern« (im Tortrakt), wo sich in der »Stuben« erstaunlicherweise nur zwei Tische, ein Gieß- oder Waschkästlein mit Zinn beschlagen samt dem Gießfaß und eine neue lange Tafl vorfinden, in der Kammer dazu zwei »Pettstatten« mit Zubehör und vier alte große Truhen. In des Hofmeisters Stuben (Südostecke), einem der großen Räume, stehen gar nur zwei Tische (davon ein »viereggeter ausgeschnüzzlter«), weiters findet sich nur ein »langer Tafel«. In der »Camer darneben« ein »griener gemalter Tisch mit dem tänzlischen Wappen, eine große gefürnisste fladerne Petstatt mit einem ganzen Himmel und Schubkarrn, 6 Stück Dapezerey in bemelter Camer herumb gehörig von gefärbtem Spalier gewürkt in dem Karrn unter berüerter Pettstatt darinnen« (dieser Wandbehang, der im Königinzimmer noch erhalten ist, wurde also offenbar während der Abwesenheit der Herrschaft zusammengelegt aufbewahrt). »Auf dem Tennen vor des Tännzls Zimer heraussen« (Tänzlhalle) stehen 3 sechseggete ineinander große hohe Claider-Cästen von Zirmenholz innwendig mit sechseggeten Scheiben, 1 neuer langer Tafel«. »In des Tänntzls Zimer – in der Stuben: 2 Tische, 1 Zines Gießfaß mit des Tänntzls Wappen, 4 lange gefürnisste Pennkh mit Glennder.« »In der großen Camer, wie man auf die Porkürchen (Kirchenempore) geet« (der Durchgang vom jetzigen Fremdenzimmer zur Kapellenempore war also damals noch nicht vermauert): »2 Pettstatten« mit Zubehör, » in der klainen Camer daran: ein schlechte Gsünds-Pettstatt«. »im gar klainen Cämerl in disem Zimer: 1 lange alte Tafel«.

»Volgt der Mitter Ganng (erstes Stockwerk): herumb seyndt 10 Hirsch-Khürn an der Wannd (wahrscheinlich, wie im Habsbur-

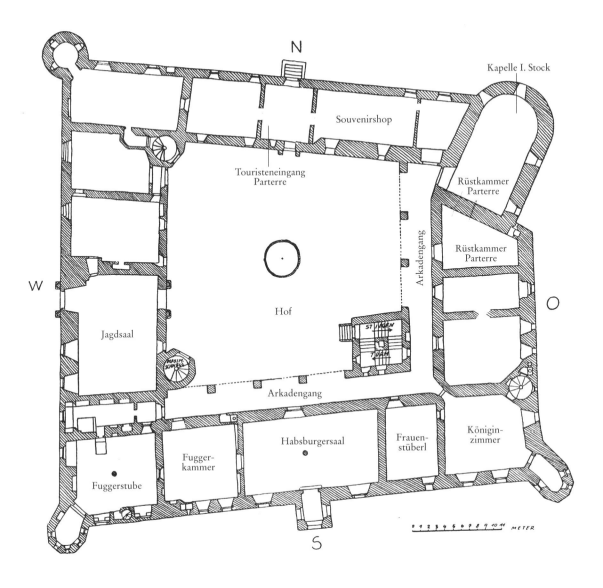

gersaal, der Beleuchtung dienend), 1 lannge hilzene Schiestafel« (wohl eine Schießscheibe oder ein Spiel).* »Auf dem Pflözle bei dem mitteren Ganng vor Herrn Jakoben Fuggers Stuben und der Harnisch Camer (woraus zu ersehen ist, daß die Rüstkammer damals im heutigen Jagdsaal über der Einfahrt untergebracht war): 1 Kasten und 10 übrige Hirsch-Khürn in der Hehe an den Stangen hengenndt. Volgt Herrn Jakoben Fuggers Zimer vor der Harnisch-Camer: In der Stuben: 5 grosse Hürsch Khürn in der Wannd herumb (Beleuchtung), 1 gross Hürsch Khürn mit ainem Pild so miten in der Stuben an Kettlen hänngt (also ein sogenanntes ›Leuchter-

Grundriß Schloß Tratzberg seit ca. 1600, gegenwärtige Raumaufteilung

* Auszug aus Fuggerarchiv Augsburg, 57, 1, 5, aus 1594.

Leuchterweiblein Fuggerstube

weiblein‹), 1 altes Zines Gießfaß mit sainer Zuegehörnus, 1 große alte eingefaßte Tafel mit ainem Turniergemäl (es handelt sich ohne Zweifel um das auch in allen späteren Inventaren angeführte Turnierbild von Schäufelein (siehe Farbteil, Abb. 27).

Das Königinzimmer ist noch heute mit diesem Wandbehang, wohl aus der Ilsungzeit, versehen, der vor ungefähr 80 Jahren auch in der Ilsunghalle hing, infolge Verschleißes aber unter Franz III. Graf Enzenberg für das Königinzimmer allein umgearbeitet wurde.

»In Sannct Katharina Capell zu Tratzberg: 1 hülziner Altar in der Mit S. Katharina der Hauptaltar sambt andern hülzinen und vergulten Pildern, 2 Altar gemalte Taflen, der ain von den Hailigen drei Küngen, der ander von St. Johannis Enthauptung, 4 eiserne Altarstenglen mit dem Namen Jesus zum Altarfürhenglen (also für Altarvorhänge), 6 Messinge Leichter, 9 gemalte Täfelen groß und klein, 3 geschriebene Tafeln ein jede zu irem Altar gehörig (die schönen Einweihungsurkunden, siehe Farbteil, Abb. 21, eingerahmt in der Kapelle).

Im Inventar von 1601 finden sich keine wesentlichen Veränderungen, nur am Dachboden 222 lärchene unbeschlagene Fensterrahmen. In dem von 1603 zum erstenmal genannt »in der Fuggerstube ein gipserne Tafl darauf Herrn Ilsungs Conterfet« (1597 noch in Schloß Matzen inventarisiert, nunmehr in der Schloßkapelle).

Im Inventar für Leopoldten Fugger von 1644 wie bisher mit folgenden Unterschieden: am Kapellendachboden etwa 390 Stecken von Eibenholz für die Handbögen. Auf dem »mitteren Gang: 1 alte große schlagende Uhr mit Gewichten in ein hilzenen Gehäuß am Thurn beim Prunnen stehend«. Im Tor sind nur mehr zwei Feldgeschütze. In der Beschließerin Gewölb ist jetzt nur mehr gewöhnliches Wirtschaftsgerät, kein Zinn, Kupfer, Messing mehr. In undern Saal, da die Heidnisch Pilder: »1 eiserne große Cassatruchen mit 24 Rieglen«. – Bei sehr vielen Gegenständen findet sich in diesem Inventar der Vermerk: »nach Innsbruck«, und diese fehlen auch tatsächlich im Inventar von 1646. Rechnete man 1644 schon mit einem baldigen Verkauf?

Die Stauber-Imhoff-Zeit (1657–1694)

Wenn auch Tratzberg unter den Fuggern, mit Ausnahme der Vollendung der Hofmalerei und der Sicherung der Wasserzufuhr, keine wesentlichen Verbesserungen erfahren hat, so hat es doch die bösen Zeiten des 30jährigen Krieges nicht nur ohne Kriegsschäden, sondern auch in seinem Bestand sorgfältig erhalten, überlebt.

Die Käufer kamen, wie schon die Ilsung und Fugger, aus Schwaben. Die Imhoff waren, wie schon erwähnt, mit den Fuggern weitläufig verschwägert, der Kontakt, der zum Verkauf führte, dürfte aber mehr durch die Nachbarschaft in Tirol mit ihnen zustandegekommen sein.

Übrigens hatte Marx Fugger, im Jahre 1600 Pfleger zu Landsberg in Bayern, damals dort als Pflegsverwalter einen Hauptmann Stauber, der vorher Pflegeverwalter in Vilshofen gewesen war[69]. Hieronymus Staubers Vater Karl war Burggraf von Trient gewesen[70], sein Großvater angeblich Kammerdiener König Ferdinands.

Hieronymus war Reichsritter, Pfandinhaber der Herrschaft Vils in Schwaben, aber auch Herr zu Mitterhardt und Siegmundslust, wodurch sich die Nachbarschaft zu Tratzberg ergab. Auf dem in Tratzberg (Ilsunghalle) hängenden Reiterbild von Georg Hettinger, das ihn zu Pferde in voller Rüstung mit Fahne vor Siegmundslust und Mitterhardt zeigt, wird er irrtümlich auch Herr von Tratzberg genannt, dessen Kauf er aber nicht mehr erlebt hat (er starb schon 1636).

Seine Tochter Maria Regina war in erster Ehe gegen den Willen des Vaters mit Hans Ernst Imhoff verheiratet gewesen, mit welchem sie fünf Kinder hatte, als jüngsten Sohn Konstantin Imhoff, geboren 1628, der der bevorzugte Enkel des Hieronymus Stauber war, so daß dieser in seinem Testament ein Juniorats-Familienfideikomiss zu seinen Gunsten errichtete, in dessen Genuß er auch kam.

(Stauber sagt in seinem Testament[71] zur Begründung der Bevorzugung Konstantins: »... da ich zu meinem jüngern Ainckhlein Constantino Imhof eine sonderbare Zuneigung, liebe und affection trage usw.«.)

[69] G. Fercht, Bayerische Behörden und Beamte, hg. vom oberbayerischen Archiv für vaterländische Geschichte, 1908, 1910.

[70] LRAI, Adelssachen, Nr. 1214.

[71] Tratzberger Archiv, G. VI-25.

Konstantin scheint ein frommer Jüngling gewesen zu sein, denn er wollte – entgegen der Meinung seiner Vormünder – unbedingt Ordensgeistlicher werden, muß es sich aber dann doch überlegt haben, hat geheiratet und vier Kinder hinterlassen, als er 1663 starb. Die andere Käuferin war die nächstjüngere Tochter des Hieronymus Stauber, Barbara Fillin, in erster Ehe verehelichte Triebenbach, damals aber Witwe nach einem Fill oder Füll Freiherrn von Cammerberg. Sie war kinderlos geblieben.

Der »Kaufs-Recess« trägt das Datum vom 14. Dezember 1657 und ist unterschrieben von Leopold Fugger, Konstantin Imhoff, Anna Maria Stauberin, Hans Ernst Imhoff und Cyriac Troyer, letztere Vertreter der »Stauberischen Donation«[72].

Bei der Übergabe an die »Herren und Frauen Stauberischen Donations-Principales und Interessenten« (mit »Donation« ist wohl das obengenannte Familien-Fideikomiss gemeint) wurden drei Inventare aufgestellt: 1. ein »Fundt-Puech« über den Inhalt der Rüstkammer, das jedoch nicht auffindbar ist; 2. ein »Summarischer Endwurff und Beschreibung dess Schloss Trazberg samt derselben Recht und Gerechtigkhait« (Realitäteninventar); 3. »Inventarium oder Beschreibung aller Utensilien und Hausrath, so von den hochwolgeboren Herrn Leopold Fugger etc. ausserhalb der Ristcamer … denen Herren und Frauen Stauberischen Donations-Principales und Interessenten den … Xris 1657 bey desen Evacuation und respective Immission hinterlassen und abgetredten worden.«

In dem Realitäteninventar wird zunächst der »Purkhfriden« nach oben erwähnter Bewilligung Kaiser Ferdinands von 1561, sodann Fischwaid- und Jagdgerechtigkeit nach den Briefen Kaiser Maximilians von 1501 angeführt. Dann heißt es: »In ybrigen ist das Schloss in quadrat schön und vest erbaut, in Hof befindet sich ein Schlag- und Zeig-Uhr, ein springender Prunnen (wohl nur ein ständig fließender) darumb wirt jehrlich auf St. Geörgen Perg Siben Gulden wasser Zinns gereicht herentgegen aber dasselbige Kloster schuldig, auf den dritten Windling das Prunenwasser ohne Mangel herzulassen, auch so lang es durch deren Güeter und Höf läufft den Schloss, one Entgelt dessen Prunnen Glaidt zu unterhalten, in

72 Tratzberger Archiv, G VI-26.

erwenten Hof stehet auch ein Fischkhalter und in den Schloss ein schön gross Kapellen mit 3 Altar und 2 leithgloggen und mit zimblichen Kirchen Ornath, ein schöner überaus grosser Weinkeller, dergleichen Kraut- und Pierkeller, zween grosse gewölbte Rosställ für 17 Rosstendt auch ein absonderlichen Kiestall, item ein Protpfister und Hennenstuben unter der Erdten neben den Keller, 2 Hofkuchel darinnen auch ein springender Prunnen, ein schön Armentarium oder Ristkamer und sonsten mit schönen wolerpauten Zimmern, gemäch und Säll überflisig und fürstlich begabt und alles mit einer Haupt-Porthen verschlossen, unter den Schwing Pogen besagter Pordten stehen 3 veldtschlangen auf rödern, daraus die 2 von Ihr Rö. Kai. Mjt. Ferdinandt unter dato 1. XII. 1554 laut schenkhbrief daher geschenkht worden. Der Haus- oder Kuchelgarten, so vorn Schloss stehet, hat einen Prunnen und einen von Mauerwerkh verdöckhten Schneggen (Wendeltreppe) bei 249 stäffel (Stufen), so auf den Mayrhof durch 4 Zwinger fierth.« Weiters wird der Ertrag der Wiesen ringsum beschrieben, darin auch ein »Schiesshof die Scheiben zu schiessen, ein Wäschhaus, das Jäger oder Fischerheisl« erwähnt. Tratzbergs Waldung wird auf »450 000 stämb« geschätzt. Dann wird der Mayrhof, der neue Bau zu einer »Wirths Taferne, der Stuetenhof, die Trazberger Holzau, der Hochen Riedt, der Hof Turach (Durch), Guet in der Perdissau, das Stückh in der langen Gassen zu Schwaz (Ilsungstück)« erwähnt sowie die Almen: »Pämgarten, Rottenwandt, Pizen, Oxenthall, Lerchkogler-Gschleg, Hüerthall, Schenalben, Rosskopff, Riss, Ronthall, Öggel[73]«.

Das Hausratsinventar enthält in der zur Fuggerzeit üblichen Reihenfolge eine Aufzählung des verbliebenen Hausrats, im allgemeinen außer den an der Wand befestigten Gegenständen wirklich nur Betten, Stühle, Tische, Bänke, einige Kästen und Waschkästen sowie Bilder.[74]

Das nächste Dokument, das uns etwas über Tratzberg erzählt, ist das »Verzaichnis der zur der Heilligen Möss gehörigen Sachen« vom 18. September 1668 unterfertigt: »Barbara Fillin Witib auss Ermanglent bledigkheit des Gesichts mit des Anweissers Handtschrift.« Es enthält »erstens ain Altäre portätile, dann ain gemahlen

[73] Tratzberger Archiv, G VI-27.
[74] Tratzberger Archiv, G VI-29.

Maximiliankammer im 2. Stock, Kassettendecke (nicht zu besichtigen)

Altar Tafl der Englischgruess (noch vorhanden, jedoch ohne großen Kunstwert), ain silber-vergulten Kelch samt der Paten, ain silbernes Gstätele worynnen die Oblaten, zwey zinnene Opferkändln sambt den Plätl, ain schwarz paists Cruxifix, daran unser lieber Herr und Todtenkopf, vergult, ain von Alabaster gemachts Unser lieber Frauen Maria Piltl mit ainem schwarz Paisten Stöckhl, 2 geschnizlete Pilder, Unser liebe Frau und St. Katharina«. Die übrige angeführte Kircheneinrichtung (es sind offenbar nur transportable Dinge aufgezählt) und auch die Meßkleider sind ausgesprochen dürftig, auch hier ist offenbar kaum etwas zurückgeblieben, auch nicht die Tännzlischen Meßgewänder. Doch waren die drei Altäre, wie wir aus späteren Inventaren ersehen, noch vorhanden.[75]

Konstantin Imhoff heiratete (wahrscheinlich 1648) Maria Elisabeth Lieb von Liebenheim. Von seinen vier Kindern scheint der Sohn schon früh gestorben sein, die jüngste Tochter Maria Susanna

75 Tratzberger Archiv, Q VIIIa 1.

wurde Klosterfrau in St. Martin (bei Schwaz), zwei Töchter, Maria Elisabeth, geboren 1650, und Maria Regina, geboren 1659, heirateten, die erstere in erster Ehe einen Kempter, in zweiter Franz Rudolf von der Halden aus einem vorländischen Geschlechte, die letztere Ferdinand Karl Grafen Fieger (von Friedberg). Wann die Miteigentümerin Barbara Fillin gestorben ist, konnte nicht genau festgestellt werden, jedenfalls lebte sie noch 1677, denn damals wurde durch sie, Fr. R. v. d. Halden und F. K. Fieger der Jäger Michael Jaud angestellt[76].

1678 bewilligt Kaiser Leopold I. dem F. R. v. d. Halden, die Wirtstaferne unter dem Schloß auszubauen, Wein, Bier und Branntwein auszuschenken und ein Wirtshausschild anzubringen[77].

Am 4. Februar 1689 tritt dann ein Umstand ein, der nach einer Pause von rund 100 Jahren wieder Bauarbeiter nach Tratzberg ruft: An diesem Tage ging nämlich eine große Schneelawine von der Hauswand (einige hundert Meter hohe Felswände hinter dem Schloß und nordwestlich davon) mit solcher Gewalt nieder, daß sie die Dächer des Schlosses »überworfen und verschoben« haben soll. Auch andere Bauschäden wurden verursacht[78]. Franz Rudolf von der Halden führte damals jure majoratus die Administration des Stauberischen Erbvermögens, und als er am 10. Juli 1691 als österreichischer Gesandter zum Reichstag nach Regensburg fuhr, bestimmte er für die Zeit seiner Abwesenheit einen Verwalter auf Tratzberg in der Person eines Amandus Jöchl, der in der Rechnung von 1691 370 Gulden 47 Kreuzer für Bauausbesserungen auf Tratzberg ausweist[79]. Wir werden sehen, daß diese Bauarbeiten in der Folgezeit über reine Wiederherstellungsarbeiten hinausgingen und den von Ilsung unfertig gelassenen Nordtrakt bewohnbar machten. Halden hat seinen Einfluß in Tratzberg offenbar gleich von seiner Heirat an stark zur Geltung zu bringen gewußt, vielleicht ist es schon auf ihn zurückzuführen, daß 1675 ein ständiger Schloßkaplan, wenn auch auf Widerruf, in Tratzberg angestellt und mit freier Wohnung, freiem Holzbezug und 200 Gulden jährlich besoldet wurde[80].

76 Tratzberger Archiv, G VIIIa 1.
77 Tratzberger Archiv, G XVI-1b.
78 Chronik von St. Georgenberg, S. 214f.
79 Tratzberger Archiv, G Ia.
80 Tratzberger Archiv, Q VIIIa, 2-5.

Die Haldenzeit (1694–1732)

Mit dem Teilungsvertrag zwischen den beiden Töchtern des Konstantin Imhoff am 31. März 1692, gültig ab 1. Jänner 1694[81] ging die Stauber-Imhoff-Periode nach 37 Jahren Dauer auch offiziell zu Ende.

Während Maria Regina Fieger (auch Füeger) Schloß Siegmundslust, den adeligen Ansitz Mitterhardt sowie Höfe und Güter am Vomper und Piller Berg und zwei Häuser in Schwaz erhielt, übernahm Maria Elisabeth von der Halden Schloß Tratzberg, die dazugehörigen Höfe und Almen, das Ilsungstück in Schwaz, die Säge in Stans und die Administration des St.-Katharinakapellen-Vermögens, wobei ihr Gesamtanteil mit 25 000 Gulden bewertet wurde. Aus der Erbmasse wurde vor der Teilung die ehemals Tänzlische Behausung bei der Pfarrkirche in Schwaz mit Traidkasten und Garten im unteren Markt um 9000 Gulden an Josef von Tannen verkauft; es dürfte sich um Josef von Tannenberg handeln, womit zum erstenmal die späteren Besitzer Tratzbergs in dessen Geschichte auftauchen.

Die Freiherren von der Halden, die ihren Stammbaum (Adelsprobe) im Erker des Habsburgersaales angebracht haben, stammen aus Vorarlberg. Nach Dr. Andreas Ulmer: »Burgen und Edelsitze Vorarlbergs und Liechtensteins«, S. 823, hätten sie ursprünglich Gabriel geheißen und sich dann, nach der »Halden«, einer Parzelle der Gemeinde Frastanz, »von der Halden« genannt. Der Großvater des Franz Rudolf, Johann Rudolf von der Halden zu Neidberg nannte sich so nach seinem neuen Adelssitz im Unterdorf Bludesch (Dr. Ulmer). Er starb 1665. Dessen Sohn, ebenfalls Johann Rudolf, heiratete in erster Ehe eine Veronika Frey von Schönstein, Tochter des Francisz Frey von Schönstein und der Euphrosina Pappus(sin) von Tratzberg, so daß dessen Sohn, unser Franz Rudolf, aus einer Familie stammte, die den Beinamen »von Tratzberg« schon vor dessen Verheiratung mit der Erbin von Tratzberg geführt hat.

Die Pappus von Tratzberg führen ihren Namen zwar nach einem kleinen Ansitz dieses Namens in Vorarlberg, aber er ist abgeleitet von dem eines Hans Tratzberger (oben bereits erwähnt), der sich

81 Tratzberger Archiv, G VI-49.

Große Tänzlkammer im 2. Stock (nicht zu besichtigen)

selbst als filius illegitimus Herzog Sigismunds des Münzreichen bezeichnet haben soll und von diesem auch am 1. Februar 1481 eine Expectanz auf die Propstei zu Trient verbrieft erhielt[82]. Auch später in Vorarlberg, vom geistlichen Stand offenbar abgewandt, wurde er von Herzog Sigismund offensichtlich begünstigt. Da er aus Südtirol kam, ist es wohl nicht unmöglich, wenn auch keineswegs belegt, daß er (vielleicht mütterlicherseits) von jenem dort verschwundenen Heinrich von Tratzberg stammte, von dem im ersten Teil dieser Geschichte so viel die Rede war.

Hans Tratzberger hatte 1483 die Pfandschaft Tosters in Vorarlberg erhalten, zwei seiner Töchter waren mit zwei Brüdern Pappus vermählt[83]. Laut Mitteilung von Hofrat Univ.-Prof. Hermann von Schullern-Schrattenhofen an Grafen Gotthard Trapp vom 20. Juni 1917 erhielt Hartmann von Pappus am 12. August 1573 die Erlaubnis, auf seinen Gütern bei Feldkirch ein Haus zu bauen, es »Tratzberg« zu nennen und sich davon zu schreiben. Gegen die Führung dieses Namens erhoben die Fugger als damalige Eigentümer des tirolischen Tratzberg Einspruch (Denkschrift der Akademie der Wissenschaften, Band V, S. 46).

[82] Friedrich Schneller: »Beiträge zur Geschichte des Bistums Trient«, 1. Hälfte, Schluß, in der Zeitschrift des Ferdinandeums, 39. Heft der III. Folge, 1895.

[83] Zösmair in »Vorarlberger Museum«, Bericht 43, S. 71, 1905.

Ob nun der Name »Tratzberger« von Herzog Sigismund als Eigentümer des tirolischen Tratzberg dem Hans Tratzberger gegeben oder diesem von jenem Heinrich von Tratzberg überkommen war – jedenfalls ein merkwürdiger Zufall, daß seine Nachkommen nunmehr Eigentümer des tirolischen Tratzberg wurden, von dem der Name, so oder so, herstammte!

Franz Rudolf von der Halden war Obervogt der Herrschaften Bregenz und Hohenegg, oberösterreichischer Regierungsrat, dann Gesandter zum Friedenskongreß von Ryswyk, kaiserlicher Geheimer Rat, Hofvizekanzler und Exzellenz. Er starb am 25. Juni 1707 zu Innsbruck, die Witwe 1712 zu Regensburg, wo sie in St. Emeran begraben sein soll (nach Notizen Artur Graf Enzenbergs).

Er scheint sich nur wenig in Tratzberg aufgehalten zu haben, das er durch Pflegsverwalter betreuen ließ, deren Rechnungslegung zeigt, daß vielfach Wild, Obst, Wein und andere Lebensmittel von hier an den Aufenthaltsort der Herrschaft geschickt wurde; so gingen in den Jahren 1695 bis 1697 Spielhühner, Haselhühner, Steinhühner, Pistazien, Winterbergamotten, Limoni, »Pomerantschen«, Tartuffeli in Öl, Rosmarinäpfel, Etsch-Hörtweine, Vicentinerweine,

Nähtischchen in der Fuggerstube mit Jahreszahl (1530)

Prutzer Sauerbrunn und Gardasee-Baumöl von hier nach Augsburg oder Passau[84].

Im Tratzberger Archiv findet sich sodann das gemeinsame Testament des Ehepaares von 1695, wonach Tratzberg an den ältesten Sohn Josef Leonhard übergehen und nicht höher bewertet (angerechnet) werden sollte als mit 20 000 Gulden (obwohl zu höherem Preis erkauft), weil das Schloß, durch die erwähnte Schneelawine deterioriert, großer Erhaltungskosten bedürfe und der Ertrag nicht danach beschaffen sei, es in Erbschaften höher anzuschlagen. Es enthält auch die Bestimmung, daß im Todesfalle 1000 heilige Messen gelesen und 150 Gulden an Arme verteilt werden sollen. Hier wird dann auch bereits bestimmt, daß Geistliche der Familie die Kapellenstiftung genießen und auf Tratzberg die geistlichen Funktionen ausüben sollen[85].

Auch die früheren Eigentümer Tratzbergs waren, selbst in der Blütezeit der Reformation, treue Katholiken gewesen, Georg Ilsung sogar ein eifriger Förderer der Gegenreformation, der sich, seiner Torinschrift und seinen Stiftungen nach (von denen im nächsten Abschnitt die Rede sein wird), mit ähnlichen Plänen befaßte. Mit den Halden aber kam ein nicht nur katholisches, sondern ausgesprochen der Kirche verbundenes Geschlecht hier zur Herrschaft. Man kann, etwas verallgemeinernd, aber einprägsam sagen, daß 200 Jahre, von rund 1300 bis 1500, Tratzberg von Kriegern verwaltet worden sei, 200 Jahre, von 1500 bis rund 1700, von Industriellen und Kaufleuten, von da an aber fast 100 Jahre lang von Geistlichen, nämlich von Pröpsten aus den Familien der Eigentümer, wenn auch das Eigentum bei deren weltlichen Mitgliedern verblieb, die sich aber nunmehr um Tratzberg wenig kümmerten.

Wenn wir also die Geschichte der weltlichen Eigentümer hier weiterführen, muß doch von nun an immer auch auf den Abschnitt verwiesen werden, der sich mit der Geschichte der Propstei Tratzberg befassen wird.

Das Testament enthält auch bereits den Plan, den unausgebauten Teil des neuen (Ilsungischen) Nordtraktes als Kaplanwohnung auszugestalten. Während in der Abrechnung des Verwalters Jöchl 1691 nur von »Baubesserungen« (sicher im Zusammenhang mit

84 Tratzberger Archiv, G Ia.
85 Testamentskopie im Tratzberger Archiv, G VI-49.

den Lawinenschäden) die Rede ist, werden nun zweifellos die neuen Räume in dem vom Unglück hauptsächlich betroffenen Nordteil (wohl aber nur im ersten Stockwerk) eingerichtet worden sein, da der Pflegeverwalter Michael Kempter 1699 für die Kosten der neuen Zimmer im Schloß neuerlich 41 Gulden verrechnet[86].

Am 8. September 1700 errichtete dann Franz Rudolf mit Stiftsbrief die »frey weltliche Probstey« für seinen zweiten Sohn Ernst Rudolf Severin und übergab ihm die Kapellenverwaltung und die Wohnung von der Kapelle bis zu den Maximilianzimmern[87].

In den Jahren 1703 und 1704 wird nun Tratzberg zum erstenmal seit 1413 wieder von kriegerischen Ereignissen berührt. Der Verwalter legt Rechnung über die wegen des Einfalles Max Emanuels von Bayern in Tratzberg gehaltene Salvi Guardia, und zwar war dies vom 25. Juni an: 1 Granatier, 1 Corporal und 5 Mann, ab 3. September: 2 Gefreite und 9 Soldaten.

Wie dann wieder im Jahre 1809, erwuchsen Tratzberg nicht so sehr vom Feind, der Tratzberg zweifellos durchzogen, aber anscheinend nicht geplündert hat, als aus den Verteidigungsmaßnahmen und patriotischen Regungen Schaden und Auslagen. Bei Auflösung der Salva Guardia wurden an Löhnungskosten 419 Gulden 48 Kreuzer zuzüglich Auslagen für Pulver, Granaten, Holz usw., für Ganggelder und Botenlöhne verrechnet. Der Überführer (der Innüberfuhr) berichtet von 160 Zillertalern, die, mit schweren Hämmern bewaffnet, ins Schloß einbrechen und das Geld in Hüten wegtragen wollten[88]. Ob sie tatsächlich ins Schloß gelangten und plünderten, ist nicht mit Sicherheit festzustellen, Ladurner in seiner handschriftlichen Tratzberger Chronik nimmt es an, es scheint aber eher nicht der Fall gewesen zu sein. Das Schloß war 1703 und 1704 mit blessierten bayrischen Soldaten, zuletzt Gefangenen, belegt, von denen allein 150 hier starben und in Stans begraben sind[89]. (Infolge Seuchengefahr dürfte auch im Anschluß an diese Verwendung als Notspital die frühere Täfelung des jetzigen »Jagdsaales« entfernt worden sein.) Schließlich mußte, wie aus einem Protokoll von 1704 hervorgeht, damals ein großer Teil des Bestandes der Tratzberger Rüstkammer an Waffen dem landesfürstlichen Zeughaus in Inns-

[86] Tratzberger Archiv, G Ia.
[87] Tratzberger Archiv, Q VIIIa-9.
[88] Tratzberger Archiv, G Ia.
[89] Totenbuch Stans.

Innenhof mit Glockenturm, Renaissancemalerei

bruck ausgefolgt werden, worüber Näheres in dem Abschnitt über die Rüstkammer gesagt werden wird.

Nach dem Tode Franz Rudolfs und seiner Witwe kam es 1713 zu einem Vertrag über die Teilung Tratzbergs zwischen den beiden Söhnen Josef Leonhard Hieronymus und Rudolf Ernst Severin, wobei die Grenze zwischen der Propstei und der Herrschaft durch einen schwarzen Strich bezeichnet wurde, der noch heute zu sehen ist, derart, daß die Propstei den gesamten Nordtrakt einschließlich der im Osttrakt angrenzenden Kapelle und des Westtraktes bis an den »Jagdsaal« umfaßte. Darüber hinaus wurde dem Propst das ganze Mobiliar der Herrschaft, auch »Pölster, Pöth- und Tisch-, Gewandt«, Gläser, Zinn- und Kuchelgeschirr überlassen, wobei sich die Herrschaft nur das Recht der Benützung vorbehielt, wenn sie gelegentlich zu Besuch auf Tratzberg weilen sollte. Gegen kostenlose Beistellung des Holzes hiezu aus den herrschaftlichen Waldungen verpflichtete sich der Propst, auf eigene Kosten das ganze Schloß innen von Grund auf völlig (wohl »fertig«) aufzubauen und wohnlich zu machen[90].

Josef Leonhard, dessen Ovalporträt im Küraß in der Ilsunghalle hängt, blieb kinderlos. Da sein Bruder als Propst ebenfalls ohne Nachkommen war, ebenso zwei andere nähere Anverwandte, ließ er, erzählt man, im Erker des Habsburgersaales, gegenüber seiner Stammtafel, jene vier dürren Bäume malen, Symbol eines aussterbenden Geschlechtes. Dies war es wohl auch, was ihn schließlich zum Verkauf an die Freiherren von Tannenberg veranlaßte, der am 26. November 1731 um 52 000 Gulden erfolgte.

Kaplanei und Propstei

Schon Veit Jakob Tänzl hatte Messestiftungen für die von ihm erbaute Katharinenkapelle gemacht, Georg Ilsung hatte diese dahin erweitert, daß wöchentlich in der Kapelle eine heilige Messe gelesen werden solle. Dem Vermögen der Kapelle verleibte er zudem eine Stiftung zu Stipendien für arme Studenten ein. Über diese Stiftung meldet ein abschriftliches Bruchstück des Stiftsbriefes, daß ungefähr 1560 Georg Ilsung den noch geretteten Rest aus einigen zur Stadt Leutkirchen in Schwaben gehörigen, damals schon eingegangenen Kaplaneien im Betrage von 525 Gulden nach Tratzberg gezogen und damit den Staudachhof in Maurach vereinigt habe, damit aus den Erträgnissen des Kapitals und Hofes, welche sich zusammen auf ungefähr 100 Gulden belaufen würden, zehn arme und ehrbare Studenten, welche der jeweilige Inhaber des Schlosses zu benennen habe, auf einer katholischen hohen Schule oder anderswo an einer dem Patron gefälligen Studienanstalt erhalten werden sollten[91].

90 Tratzberger Archiv, Q VIIIa-16.
91 Konsistorialarchiv Brixen.

Unter den Fuggern wurde auf Grund des bischöflichen Visitationsprotokolles vom Jahre 1645, welches die Unzulänglichkeit der Erträgnisse für die Studentenstipendienstiftung feststellte, beschlossen, diese zum Nutzen der Kapelle zu verwenden, so daß auch tatsächlich bereits beim Verkauf an Stauber-Imhoff 1657 drei Wochenmessen gelesen und den Käufern förmlich überbunden wurden.

1675 wurde, wie wir im vorvorigen Abschnitt bereits sahen, ein ständiger Schloßkaplan, wenn auch auf Widerruf, bestellt, 1696 im Testament des Ehepaares von der Halden der Plan zur Errichtung der Propstei niedergelegt, worauf am 8. September 1700 die Propstei mit Stiftsbrief errichtet wurde, da sich der zweite Sohn des Ehepaares, Ernst Rudolf Severin, entschlossen hatte, Geistlicher zu werden. Es war dies ein eigenes Familien- oder einfaches Benefizium. Der Stiftsbrief wurde nach dem Tod des Franz Rudolf von der Halden von Witwe und Sohn erneuert (2. November 1707)[92] und vom bischöflichen Ordinariat am 7. Dezember 1707 genehmigt[93]. Diese einfache Benefizienstiftung wurde durch die Benennung »Propstei« ausgezeichnet. Der Propst erhielt außer dem im vorigen Abschnitt erwähnten Teil des Schlosses innerhalb des Burgfriedens das Recht des Vogelfanges und des kleinen Waidwerkes und konnte seine Pflichten auch durch einen von ihm besoldeten Priester erfüllen lassen.

Erster Propst war Ernst Rudolf Severin von der Halden, dessen Porträt im oberen Saal im Propsteitrakt hängt. Er wurde am 2. Juni 1708 vom Dekan von Fügen in Tratzberg installiert, hiebei die Kapelle mit ihren drei Altären visitiert und in Ordnung befunden. Da der Propst sich studienhalber in Rom befand, wurden seine Funktionen zunächst von St. Georgenberger Geistlichen ausgeübt. Am 30. Mai 1719 starb der erste Propst und wurde in der (alten) Kirche in Stans begraben (Grabstein daselbst und Totenbuch).

Nachfolger wurde sein Vetter Christoph Ignaz von der Halden (zweiter Propst), der die Propstei bis zu seinem Tode am 11. August 1753 (begraben ebenfalls in Stans – Totenbuch daselbst) innehatte und noch anläßlich der Ausstellung zur Verehrung des von Maria

92 Tratzberger Archiv, Q VIII-12 u. 14.
93 Konsistorialarchiv Brixen.

Anna Gräfin Tannenberg gefaßten heiligen Leibes des Anderl von Rinn in der Pfarrkirche zu Schwaz am 17. August 1744 das Hochamt abhielt.

Ihm folgte als dritter Propst Johann Nepomuk Georg Freiherr von Sternbach, Sohn der Schwester Helena des neuen Eigentümers Joseph Anton Ignaz von Tannenberg. Er wurde, wie aus der Votivtafel auf der Kapellenempore in Tratzberg hervorgeht, 1756 von scheuenden Rossen überfahren, jedoch wunderbar gerettet. Er scheint sich wirklich um Tratzberg gekümmert zu haben und geriet öfter in Konflikt mit seinem Onkel, wobei der damalige Dekan von Fügen, Wilhelm Freiherr von Enzenberg, in Brixen intervenieren mußte.

Nach seinem Tode am 17. Juli 1774 wurde auf Grund des Rechtes, auch Minderjährige zu präsentieren, falls sie bereits primam tonsuram erlangen konnten, Joseph Reichsgraf von Khuen, ein Enkel des Eigentümers, Sohn seiner Tochter Leopoldina, zum vierten Propst bestellt, der aber am 13. April 1783 resignierte, da er sich zum geistlichen Stande nicht berufen fühlte[94].

Nach diesem übernahm die Propstei sein elfjähriger Bruder Alois Reichsgraf von Khuen als fünfter Propst, starb aber bereits mit 21 Jahren am 12. Februar 1793.

Nun wurde der Sohn des damaligen Eigentümers, des Ignaz Josef Johann Graf von Tannenberg, der neunjährige Ignaz Graf von Tannenberg nominiert und präsentiert, für den aber infolge seiner großen Jugend das Placetum regium eingeholt werden mußte. Im Jahre 1793 macht Graf Tannenberg die Eingabe an das oberösterreichische Landesgubernium, doch wird ihm Anfang 1794 geantwortet, die Propstei zu Tratzberg sei nur ein einfaches Benefizium zur besseren Bestellung der Seelsorge, und dem Inhaber von Tratzberg stehe wohl das Patronatsrecht und das Jus praesentandi zu, nur dann aber, wenn er von den Halden als den Stiftern abstamme, könne er es als Familienbenefizium in Anspruch nehmen. Trotz der Versuche des bischöflichen Ordinariates, für das Fortbestehen der Propstei einzutreten, bleibt es bei der Verweigerung des Placetum regium[95].

Wie schon aus obiger Liste der Pröpste zu ersehen, war dieses geist-

[94] Tratzberger Archiv, Q VIIIa-31.
[95] Tratzberger Archiv, Q VIIIa-34ff.

liche Amt in Tratzberg kaum mehr als eine Formsache – außer Christoph Ignaz von der Halden und vor allem Freiherr von Sternbach scheint sich keiner der Pröpste länger in Tratzberg aufgehalten zu haben. Tatsächlich wurden die geistlichen Funktionen fast ständig von Vikaren ausgeübt. Die Verwaltung des Schlosses wird, da ja die Schloßherren auch fast immer abwesend waren, während des Bestehens der Propstei praktisch allein von den Verwaltern geführt worden sein, von denen wir aus dem Stanser Totenbuch Michael und Franz Kempter, Vitus Agapita, Mathias Kirchler und Joseph Anton Bayer kennenlernen, die auch die Abrechnungen aus dieser Zeit erstellt haben. Das konnte auf die Dauer kaum ohne nachteilige Folgen bleiben.

So sehen wir denn auch, daß der »völlige« Ausbau des Schlosses keineswegs in der soliden Art, wie unter Tänzl oder auch noch unter Ilsung erfolgte: Die Zimmer, die in dem »unausgebauten Saal« im ersten Stockwerk des Nordtraktes wohl schon unter den Halden und den Haldenschen Pröpsten eingerichtet wurden und die (wahrscheinlich erst unter Propst Sternbach) eingerichteten Zimmer im zweiten Stockwerk des Nordtraktes sowie Stiegenverbindungen im Kapellen- und Abtrittzimmer fallen gegen die alten Räume entschieden ab. Der reizende Raum im ersten Stockwerk des Nordwest-(Rondell-)turmes mit seinen – wenn auch nicht tragenden – Kreuzrippen dürfte seine Entstehung noch den Tänzl, seine Ausgestaltung Georg Ilsung verdanken.

Aus dem Totenbuch Stans erfahren wir übrigens einige der in dieser Zeit in Tratzberg ständig tätigen Handwerker, so als Tischler bis 1729 Bartholomäus Baumgartner, dann Thomas Schneider, offenbar auch Dachdecker, der 1743 in Tratzberg vom Dach fiel und an den Folgen starb. 1729 bis 1733 wird ein Johann Lueger als Schmied in Tratzberg erwähnt.

Aus dem Paramentenverzeichnis vom 26. September 1725 im Tratzberger Archiv, Q VIIIb-1 u. 6, seien erwähnt: »2 Silber vergulte Kölch, 1 Kupfer vergulter Speiss-Kölch, 1 Ciborium, 1 von Silber gegossener und bereits völlig vergulter Crucifix samt den Bildnussen Unser Lieben Frau, St. Johannes und Maria Magdalena, auf dessen Fuess der Fugger und Ilsungische Wappen gestochen (durch Erbschaft an Baron Gumppenberg, später Fedrigotti übergegangen), 2 silberne Herrgott und das Kreiz von Ebenholz, 2 silberne Täfeln, mer 4 kleinen deto auf dem Hochaltar«, weiters Meßgewänder usw. Dann heißt es: »Die ybrigen in der Kirchen und Altären befindlichen Sachen (also wohl die uns hauptsächlich interessierenden Holzschnitzereien) seynd nicht beschrieben worden«, woraus hervorzugehen scheint, daß damals noch mehrere Altäre vorhanden waren. Ob der Hauptaltar noch der alte war, läßt sich leider nicht mit Sicherheit erkennen, jedenfalls wird am 9. April 1756 der neue Altar »umb den untersten Stuckh wie auch das (Tabernakel-)Thürl umb das Drittel vergrössert« (Zettel auf dem herausschiebbaren Brett des Tabernakels). Da um 1715 der Propst um die Bewilligung ansucht, das Allerheiligste der Kapelle aufbewahren zu dürfen, dürften wohl bald nach 1725 der alte Hauptaltar und die beiden Nebenaltäre entfernt worden sein.

Der neue Altar, der damals wohl auch nicht mehr ganz neu war, trägt ein Altarbild (Martyrium der heiligen Katharina), das an ein solches in Ettal, signiert »Martin Knoller Tirol. fecit Romae 1763«, erinnert und von diesem oder von Troger sein dürfte.

Aus einem ausführlichen Inventar der Propstei von 1774 ist dann zu ersehen, daß fast nur angestrichene Weichholzmöbel und viel, aber nicht sehr kostbarer Paramentenvorrat vorhanden waren. Interessante Stücke sind: das oben erwähnte Ilsung-Fugger-Kreuz, die fünf orientalischen Teppiche, ein Haldenkelch, ein Tänzlkelch, weitere zwei Kelche, die Figur der heiligen Katharina, eine geschnitzte Altöttinger Muttergottes, zwei kleine geschnitzte Bilder (heiliger Dominicus und heilige Katharina von Siena), ein großes Kruzifix (wahrscheinlich das in der Fuggerstube), die in der Kapelle vorhandenen Statuen, den heiligen Schutzengel und den Erzengel Michael darstellend (damals als »neu gefasst« bezeichnet), Statuen der Heiligen Georgius (vielleicht jetzt in der Rüstkammer) und Christophorus (vielleicht die in der Toreinfahrt), »1 altes Bild die Beurlaubung der heiligen Apostel, da sie in alle Welt ausgegangen das Evangelium zu predigen« (wohl die dem Maler Schäufelein zugeschriebene kleine Apostelteilung in der Bilderkammer).

Obwohl zur Propstei vier Höfe bzw. deren Erträgnisse gehörten (Staudachhof, Luechhof in Maurach, Scheiben- oder Wirtshof in Stans, Baurechte am Pfisterhof), beliefen sich die Einnahmen laut Fassion vom Jahre 1768 auf nicht mehr 505 Gulden jährlich, es standen also keineswegs allzu reichliche Mittel zur Verfügung. Die Propstei wurde auf Anordnung der Regierung im Einverständnis mit dem fürstbischöflichen Ordinariate 1796 als Familienbenefizium aufgehoben und in ein Kuratbenefizium oder Expositur zur Aushilfe der Seelsorge in Stans umgewandelt. Das Vermögen der Propstei, das nach dem jährlichen Erträgnis der Pfründe 15500 Gulden kapitalisiert erscheint, wurde, der ursprünglichen Bestimmung gemäß, so verteilt, daß 8000 Gulden zur Dotation für den Benefiziaten, 2500 Gulden für die Schloßkapelle und 5000 Gulden für ein Studenten-Familien-Stipendium ausgeschieden wurden. Die genannten Summen mußte der Schloßinhaber, Ignaz Graf von Tannenberg, bar erlegen, dafür konnte er das gesamte Propsteivermögen in Gütern, Urbarialgefällen und Kapitalien einziehen. Die Stiftungsverbindlichkeiten blieben die alten, nämlich vier Wochenmessen, einige Gottesdienste, Jahrtage und Quatembermessen. Dazu kam die Verpflichtung, an Sonn- und Festtagen das ganze Jahr hindurch in der Schloßkapelle die heilige Messe zu lesen und wenigstens an diesen Tagen den nachmittägigen Rosenkranz zu halten[96]. Das Patronat, sowohl über das Kuratbenefizium wie über das Familienstipendium, blieb dem jeweiligen Inhaber des Schlosses und Burgfriedens.

Die Dotation des Kuratbenefiziums wurde im Jahre 1854 von Creszentia Gräfin Tannenberg namhaft verbessert, dagegen fiel das Familienstipendium infolge der Finanzoperationen der Regierung bereits dem »Banco-Zettel-Sturz« vom Jahre 1811 im wesentlichen zum Opfer, während die Inflation der Jahre 1919 bis 1922 allen aus der Zeit der Propstei und später stammenden Stiftungen praktisch ein Ende bereitete.

Zu erwähnen ist noch, daß die niedere Gerichtsbarkeit, die auch die Führung der Verfachbücher umfaßte, während der Propsteizeit zwischen Herrschaft und Propstei derart geteilt war, daß sich eige-

96 Stiftungsumwandlungsurkunde vom 1. August 1796 und bischöfliche Genehmigung vom 27. Oktober 1796, Tratzberger Archiv, Q.

ne Verfachbücher für die zur Propstei gehörigen Höfe vorfinden[97]. Ein ständiger Kaplan blieb in Tratzberg noch bis vor wenigen Jahren, als der allgemeine Priestermangel eine solche ständige Besetzung der Kaplanei unmöglich machte.

Die Tannenbergzeit (1732–1847)

Am 26. November 1731 verkaufte Josef Leonhard Hieronymus von der Halden, Freiherr auf Tratzberg etc., dem Josef Ignaz Reichsfreiherrn von Tannenberg, für den, da er noch nicht volljährig war, Franz Andree Freiherr von Sternbach als Kurator auftrat, Schloß und Burgfrieden zu Tratzberg samt allen Zugehörungen, »inhabenter Jurisdiction, auch ansonsten gebierenten Freyheiten in specie die Grundtzinss und Wisath, weiter 250 Stärr Haabern Item die Jägerey und Fischgerechtigkeit nicht weniger die Wirtstafern und Praustattsgerechtigkeit, in fahl sich solche aus denen brieflichen Freyheiten bezaigen solte, daneben ganzen Mayrhof, den sogenanten Stuetenhof, den Hof Hochenriedt, den Hof Durach, das Ilsung-Stuckh zu Schwaz, gleichfalls samtliche Waldungen, Auen, Wun, Waid zu Perg und Thall, auch auf der Ebne: die Almb Rottenwandt, die Almb Raunthall und Romperg, die Almb Paumbgarten, die schöne Almb, die Almb Oxenthall, die Almb Piz, die Almb Pretersperg, die Almb Wasserthür, Item das Almbl auf der Hausswandt, die Schlossmobilia, Ingleichen alle Fahrnussen nichts davon besondert noch ausgenomen: dann Andertens übergeben das bey der Capellen ad S. Catharinam in obbemelten Schloss anklebente Jus Patronatus, jedoch dergestalten und mit disen expressen Reservat, dass Ihme Herrn Verkäufer dass Jus Präsentandi ad dies vitae vorbehalten und solches allerdings, in fahl sich annoch bey den Lebzeiten einige vacatur ereignete, nach seiner willskür einem anderen zu conferieren erlaubet sein sollte ... dann drittens verspricht Herr Käufer neben dem mit 750 Gulden wirklich erlegten Leykauf 52000 Gulden Kaufschilling und zwar dise Summe in guett gangbarer Landswehrung in specie aber in Goldt eintweder mit Doppien 1 pr. 7 Gulden 30 Kreuzer oder in

[97] Tratzberger Archiv, G IIIb.

Duggaten einen à 4 Gulden 10 Kreuzer gerechnet paar zu entrichten[98]«.

Der Kauf wurde am 16. Dezember 1732 durch Kaiser Karl VI. ratifiziert[99].

Die Tannenberg stammen wie die Tänzl aus einem Gewerkengeschlecht. Schon 1433, unter Kaiser Sigismund, wird ein Fridrich Tannauer als Landrichter zu Schwaz erwähnt, 1493 erhalten Andreas Martin und Simon die Tannauer von König Maximilian I. einen Wappenbrief. Infolge Zerstörung des Tannenbergischen Familienarchivs beim Brande von Schwaz im Jahre 1809 wissen wir dann erst wieder von einem Michael Tannauer um 1600, dessen Sohn Georg (1621–1689) aus Vomp bereits Gewerk- und Schmelzherr geworden ist, zwei Häuser in Schwaz und zwei Zehntelanteile an dem Bergwerk »Jenpacher Handel« sein eigen nannte. Er wird 1685 von Kaiser Leopold I. in den einfachen Adelsstand mit dem Prädikat »von Thannenberg« erhoben[100].

Sein Sohn Joseph, 1669 bis 1721, betreibt trotz der Ungunst der Zeiten den Silber- und Kupferbergbau mit Erfolg weiter (letzteren in Prettau im Ahrntal gemeinsam mit den Freiherren von Sternbach, deren einer seine Tochter Helena heirate und wird von Kaiser Joseph I. am 14. Juli 1692 in den erblichen Freiherrenstand erhoben. Er erwirbt ausgedehnten Landbesitz: 1698 in Kaltern, 1699 Liebenaich in Terlan, 1704 die Lehensherrschaft Rottenburg mit Schloß Thurneck, 1710 die Pfandherrschaft Freundsberg in Schwaz. Er ist zweimal verheiratet und, da sein Sohn Joachim aus erster Ehe frühzeitig stirbt, wird jener 1708 geborene Joseph Anton Ignaz Erbe, der 1732 nun auch Tratzberg erwirbt.

Er studierte in Freiburg im Breisgau und über den Abschluß dieses Studiums bewahrt Schloß Tratzberg noch mehrere Exemplare eines schön gestochenen »Thesenzettels«, Kaiser Karl VI. gewidmet (wie übrigens auch einen solchen über die Studie des oben angeführten älteren Joseph).

Er wird am 4. Juli 1737 in den Grafenstand erhoben, mit ihm seine Schwestern, von denen insbesonders die mit 90 Jahren Ende 1799 gestorbene unverehelichte Maria Anna infolge ihrer frommen Werke (Fassung der Leichname der heilige Nothburga, des heiligen

98 Originalsiegelbrief, Tratzberger Archiv, G VI-34.
99 Tratzberger Archiv, G VI-38.
100 Tratzberger Familienarchiv.

Andreas [Anderl] von Rinn und des heiligen Birminius) und ihrer umfassenden Wohltätigkeit in der ganzen Umgebung berühmt geworden ist (siehe den Aufsatz: »Die drei Gräfinnen Tannenberg«, von P. H. Rahner S. J. im »Jenbacher Buch« der Schlern-Schriften, 1953). Er legte umfassende Kunst-, Naturalien- und Raritätensammlungen an, die leider beim Brand des Schwazer Hauses 1809 ebenfalls größtenteils zugrunde gegangen sind. Er wird Feldobristleutnant des Scharfschützenregiments in Tirol (1741) und unter Maria Theresia 1765 Kammerherr. Seit 1738 ist er verheiratet mit Leopoldine Gräfin von Starhemberg, weshalb Tratzberg heute noch auch eine ganze Reihe Starhembergischer Ahnenbilder erhalten hat.

Unter ihm werden zunächst die Arbeiten in der bisherigen Rüstkammer (jetziger Jagdsaal) in Angriff genommen sowie im »Unteren Saal«, der die Rüstkammer nach etwa vierjähriger provisorischer Aufstellung in der Fuggerstube aufnahm. In der Amtsrechnung des Verwalters Anton Payer für ihn von 1736 werden 69 Gulden 37 $^1/_2$ Kreuzer für Maurer- und Zimmermannsarbeiten verrechnet. Es ist fraglich, ob das im heutigen Jagdsaal früher vorhandene Getäfel erst damals oder (wie gesagt aus sanitären Gründen) gleich nach dem Gebrauch als Notspital 1704 entfernt worden ist. Daß der Raum früher bis hinauf getäfelt war, geht aus den eingeschnittenen Randleisten am Oberboden hervor. Jedenfalls wurden nunmehr die Wände ganz neu verputzt, die Schießscharten wurden vermauert und die Mittelsäule verschalt, was offenbar für die wahrscheinlich auch von Joseph Ignaz angeordnete Teilung des Raumes in zwei Teilräume notwendig war.

1738 ergeht seitens des Verwalters ein »Anfrag- und Erinnerungsprotokoll« an den Grafen, was in Tratzberg zu machen sei. Darin heißt es, daß in der Propstei das Wasser eindringe (an zwei Stellen) und die Wohnung ruiniere, woran der Herr Propst bei Anwesenheit zu erinnern sei, die Zwingermauer sei mit Schindeln zu decken, die Schindeln hiefür könne man vom Schloßdach nehmen, da dort ein Stück Dach gegen den Hof zu neu gedeckt werden müsse. In der »Kayserstuben« sei ein neuer Ofen aufzusetzen, der Saal über der Einfahrt (jetziger Jagdsaal) neu zu verglasen, im Schloß und

Wirtshaus zwei Dachrinnen anzubringen. Mit dem Prälaten wäre der Akt wegen der Brunnenleitung zu erledigen[101].

In den Jahren 1740 bis 1745 ergehen dann mehrere Verordnungen des Grafen über Herstellungsarbeiten, vor allem bezüglich der Rüstkammer, die im Abschnitt über diese besprochen werden. Es wird auch der Auftrag gegeben, die Zwingermauer neu zu decken. Unter dem Dach sei alles auszuräumen, was nicht hingehört, 500 Puschen Scharschindeln sollen immer vorrätig sein, die Türen und Schlösser unter Dach sollen instandgesetzt werden. Man soll alle 14 Tage nach Tratzberg gehen und nachsehen, ob nichts fehlt. Der Jäger bekommt den Auftrag, 48 Flinten zu putzen und einzufetten, zu welcher Arbeit ihm das Turmwärterstübl angewiesen wird. Im Rondell im Verwalterkeller (Turmraum unter dem Jägerstubenerker) ist ein Pulvermagazin vorzubereiten und eine »rechte Tür mit starkem Schloß« machen zu lassen, der Verwalterkeller samt dem verschlossenen Kötterl (Kotter) ist auszuputzen. (Infolge der Abtrennung der Propstei war die Verwalterwohnung also vom Nordwesttrakt – Pfleghaus – in die Südwestecke verlegt worden.) Die Löschwasserbehälter am Dachboden sollen von Anfang April an ständig monatlich aufgefüllt werden, und in der Au sollen Grenzsteine gesetzt werden.[102]

Die »Specification der im Schloss Tratzberg sich befindlichen Mobilien, Gemälden und wass darbey begriffen« ohne Datum, jedoch von Josef Leonhard von der Halden unterschrieben und wohl ein Anhang zum Kaufbrief, enthält verhältnismäßig sehr wenig Mobiliar, dagegen ziemlich viele Bilder, von denen die meisten, nur als Porträts bezeichnet, sich nicht identifizieren lassen. In der »Kayserstuben« (wie damals das Königinzimmer genannt wurde) finden wir damals ebenso wie in der heutigen Ilsunghalle »ein rots und gelbwüllenes Spallier«, schon so oft erwähnt und auch heute noch im Königinzimmer vorhanden, mehrere Bilder, darunter ein »St. Johannis Enthaupt« (wohl das Bild von S. Keßler), Tische, Sessel, Betten, Decken und Porträts.

In die »erste Kammer von der Kayserstub hinein« (Ilsunghalle): Dasselbe »Spallier«, hier, da verkehrt gehängt, »gelb und rot wüllen« genannt, und ähnliche Einrichtung wie im Königinzimmer. In

101 Tratzberger Archiv, G X-23.
102 Tratzberger Archiv, G X.

der Kapellenkammer (Teufelszimmer), eine Bettstatt, Sessel, Vorhänge, Porträts, »ein mit vergoldeter Ramb eingefasster Tafl das Abendmahl vorstöllend, 1 kleineres worauf die Abnehmung Christi enthalt, noch ein ander närrische Geschicht mit gleich vergolder Ramb«. In der Stuben von der Kayserstuben herein gegen den Saal (Frauenstübl): 1 aichener Tisch mit rotgelben Teppich, 2 schwarz gebeizte oval Spieltisch mit gelbem Sammet, item ein dergleich vierägths (beide noch vorhanden), 1 rund Tisch von Weichholz, 1 Pettstatt«, Sessel, 18 Porträts, darunter das des »Herzogs v. Lottring«, das offenbar seit den Tänzl in Tratzberg befindliche Turnierbild von Schäufelein.

Im großen Saal (Habsburgersaal, siehe Farbteil, Abb. 15): Keine Schank (Büfett) mehr ein großer Tisch, zwölf Sessel, zwei schwarz gebeizte »dreiägghete Spieltischln« (noch in Tratzberg vorhanden), »1 auf Leinwanth vergoldt grüner Spalier« (wohl eine spanische Wand), mehrere Bilder. In der Kammer vom großen Saal hinein (Fuggerkammer): »2 Himmelpetstätten«, ein Tisch, fünf Sessel, »12 alt heidnisch Kayser Porträts mit schwarzen Ramb« (heute in der Tänzlhalle), sieben weitere Porträts. In der Fuggerstuben: »1 gross hilzerne Himmelpettstatt, 1 gross lang feichtener Tisch, 5 grosse Gemähl und Taflen«. In der Stuben ober der Kayserstubn (Hofmeisterstube): 24 alte Brustbilder der römischen Kaiser (vielleicht die der römischen Kaiser deutscher Nation, von denen einige noch vorhanden sind). In der Kammer (Hofmeisterkammer): 24 dergleichen Brustbilder (wohl die Sibyllen, teilweise noch vorhanden).

Während in der »Specification« nur die Herrschaftsräume angeführt sind, erscheinen in dem »Inventario einiger Mobilien in Schloß Tratzberg« auch die Verwalterräume, Gänge und Dachboden (12. Juni 1741): Die Fuggerstube scheint hier mit dem Inhalt der Rüstkammer angefüllt, da der jetzige Jagdsaal und die alte Rüstkammer in Arbeit waren, sonst befinden sich in den Herrschaftsräumen dieselben wenigen Gegenstände, wie in der »Specification«, jedoch teilweise umgestellt, die »Kaiserporträts« erscheinen jetzt als »Porträts spanischer Könige«, die Sibyllen sind ausdrücklich genannt. In des Verwalters Stuben fällt uns »ein 8 eggeter Stain zum Farbenreiben« auf, ferner Steinbohrer, Teile eines Flaschenzuges, Brunnenrohrbohrer usw., in der alten Rüstkammer »ein Kasten, so in der Mauer eingemauerth gewest«.

Josef Anton Ignaz starb 1776 und hinterließ zwei Kinder: die Tochter Leopoldina, vermählt mit Franz Grafen Khuen zu Belasi (daher die von Tannenberg präsentierten Pröpste Khuen), und den Sohn Ignaz Josef Johann Graf von Tannenberg, geboren am 15. August 1743, der, durch den grauen Star fast erblindet, der »blinde Tannenberg« genannt wurde, dennoch aber sein Studium der Philosophie und Rechtswissenschaften in Innsbruck in glänzender Weise vollendete und schon vorher, mit 16 Jahren, zum Mitglied der Akademie von Rovereto ernannt wurde. Er wurde Kämmerer, Oberstleutnant der Unterinntaler Scharfschützen, Kaiserlicher Geheimer Rat, Erblandjägermeister und Gubernialkommissionär über die Spital- und Armenanstalten in Schwaz. Als Landeshauptmannschaftsverwalter von Tirol wurde er 1809 von den Bayern in München mehrere Monate festgehalten, sein Palast in Schwaz niedergebrannt. Er starb, durch die Aufregungen vollkommen erblindet, ein Jahr später im Dezember 1810. Er war zweimal verheiratet gewesen, 1765 mit Theresia von Sarnthein und 1791 mit Viktoria von Taxis. Von seinen 21 Kindern überlebten ihn nur acht.

In der Geschichte des Schlosses Tratzberg hat dieser bedeutende Mann nur eine geringe Rolle gespielt. Wir finden keine Anhaltspunkte für bauliche Veränderungen, aber auch die Kriegsereignisse sind an Tratzberg, mit Ausnahme der Plünderung der Rüstkammer durch patriotische Landsturmleute (siehe Abschnitt: »Die Rüstkammer«), ohne ärgere Schäden vorübergegangen. Die Franzosen, die hier durchzogen, scheinen bessere Manneszucht bewahrt zu haben als die Bayern rechts vom Inn.

Wichtig für Tratzberg war während seiner Zeit (1796) die Aufhebung der Propstei, ausgelöst durch die Präsentierung seines neunjährigen Sohnes, die er trotz seines Ansehens und seiner juristischen Schulung und langjähriger Bemühungen nicht zu verhindern vermochte (siehe Abschnitt: »Kaplanei und Propstei«).

Die Verwaltung seiner Güter, auch des Schlosses Tratzberg, wurde nunmehr namens der »Gräflich von Tannenbergischen Erbsunion« geführt, doch gingen die Abrechnungen der Verwalter an Grafen

Alois, der, wenn auch kaum je in Tratzberg, doch im Lande (meist in Thurneck) lebte, während Graf Rudolf als hoher Richter, zuletzt Appellationsgerichtspräsident in Prag, fast stets von Tirol fern war und Karl bereits 1813 starb.

Alois Graf von Tannenberg, Sohn aus erster Ehe, geboren 1771, ebenfalls blind, als Persönlichkeit lange nicht so bedeutend wie sein Vater, scheint die Verwaltung der vielen Familiengüter mit Umsicht geführt zu haben, da sich der Wohlstand nach der Katastrophe von 1809 langsam wieder hob. Er war seit 1806 mit Crescentia von Taxis verheiratet, doch blieb die Ehe kinderlos. Aus Angst vor dem grauen Star (angeblich ein Starhembergisches Erbteil) blieben die meisten seiner Geschwister unverheiratet.

Trotz der Unmenge von Verwaltungsakten im Tratzberger Archiv aus der Zeit der »Tannenbergischen Erbsunion« sind kaum irgendwelche auf Tratzberg bezügliche wichtige Ereignisse zu verzeichnen. Erwähnenswert ist das Ende der eigenen Tratzberger Gerichtsbarkeit: Schon mit königlich Bayerischer Verordnung vom 21. November 1806 war das Burgfriedensgericht Tratzberg zuerst der Oberaufsicht des Landgerichtes Rattenberg untergeordnet und am 1. April 1810 mit den Landgerichten Freundsberg und Schwaz ganz vereinigt worden. Die österreichische Regierung gab im Jahre 1817 die Gerichtsbarkeit dem Grafen Alois von Tannenberg zurück, dieser aber stellte die früher bestandene eigene Gerichtsverwaltung des Burgfriedens nicht mehr her, sondern verband sie mit seiner anderen Gerichtsbarkeit Rottenburg, und als er auch diese im Jahre 1835 der Regierung heimsagte, wurde von dieser der Burgfriede Tratzberg – nach fast 300jährigem Bestand – dem Landesgericht Schwaz zugeteilt. Der Burgfriede Tratzberg als politische Einheit blieb unter dem Namen »Fraktion Tratzberg« noch bis 1939 bestehen, um dann mit der Gemeinde Stans vereinigt zu werden.

Erwähnenswert ist wohl auch, daß der reiche Almenbesitz Tratzbergs aus der Tänzl- und Ilsungzeit (neun Almen) in der Zeit von 1798 bis 1855 durch Abverkäufe fast zur Gänze aufgelöst wurde. Als letzte wurden die Schönalm und die Alm Baumgarten 1855 an Fürsten Carl von Leiningen verkauft[103].

103 Tratzberger Archiv, G XIV-3.

Als die Grafen Alois und Rudolf beide im Jahre 1846 starben, lebten noch eine verheiratete und zwei unverheiratete Schwestern sowie Nachkommen der mit Franz Freiherrn von Gumppenberg verheiratet gewesenen Schwester Theresia. So trat der seltene Fall ein, daß ein Geschlecht ausstarb, dessen letzte Generation 21 Kinder umfaßt hatte! Um dies zu verhindern, hatte Graf Alois die Absicht gehabt, den Sohn seiner Schwester Theresia von Gumppenberg zu adoptieren, doch ist es dazu nicht mehr gekommen.

Nach 114 Jahren Tannenbergischer Herrschaft ging so 1847 (nach Durchführung der Abhandlung) Tratzberg in den Besitz der Gräflich Enzenbergischen Familie über, da die einzige überlebende verheiratete Schwester, Ottilia Gräfin von Tannenberg, Franz III. Graf Enzenberg geheiratet hatte.

Ehe wir uns aber diesem letzten Abschnitt der Geschichte des Schlosses zuwenden, sei noch ein Blick auf die Geschichte der bekannten Tratzberger Rüstkammer geworfen, die auch in den Inventaren immer eine eigene Einheit bildete, und dann einiges über die Jagd im Burgfrieden erzählt.

Die Rüstkammer

Selbstverständlich war der alte Wehrbau Tratzberg, wie schon die erwähnten Abrechnungen über das gelieferte »Seneve-Garn« (Material für Bogensehnen) zeigen, mit Waffen versehen. Das erste Verzeichnis dieser Waffen vom Jahre 1480 bei Übergabe der Pflegschaft von Anton von Roß an Sanazeller ist auch schon angeführt worden: »10 Armbrust, 2 Tarrasspüchsen, 3 Hackenpüchsen, 12 Handpüchsen, 1 1/2 Lagel mit Pfeil, cca. 250 Kugeln für die Püchsen.«

1552 übernimmt Mathias Manlich die ganze Konkursmasse der Tänzl samt dem Geschütz, 1554 bei Übergabe an Georg Ilsung werden auch Munition, Püchsen, Wehren, Harnisch erwähnt.

Die Fuggerischen Inventare aus den Jahren 1592 bis 1644 enthalten, ohne große Änderungen, in eigenen »Ristcamer«-Inventaren, neben den drei auch sonst genannten »Stückh« (Geschützen) – von welchen zwei ein Geschenk des Kaisers an Ilsung waren – drei lange eiserne »Falckhemtlin« (?) auf Rädern mit kleinen beschlagenen Trüchlin und aller ihrer Zugehör, 175 verschiedene Doppelhackenbüchsen, 19 ungeschäftete Rohre, 23 Musketen, 10 Landsknechthackenbüchsen, 110 verschiedene Pulverflaschen, Zubehör zu den Büchsen, 24 verschiedene »Helleparten«, 13 lange »Kaichspieß (?)«, 32 Stangen dazu, 42 verschiedene Turnierstangen, Kleidungen, die unter den Turnierharnischen getragen wurden, vier Streithämmer, vier Streitkolben, acht Stangeneisen an den Harnischen, »8 par türckisch Stegraiff« (Steigbügel; daher der Ausdruck »aus dem Stegreif«, im Vorüberreiten), »1 türckisch Roß-Spanneisen, 94 gemalte Tartschen (Schilde)«, meist mit dem Tänzlwappen, »26 türckische lange Pflitschenpfeill ohne Stefftlin in einem rottledernin Kocher«, über 1000 verschiedene Pfeile, ein türkischer »Pausch mit Pfawnfedern«, weiter »Allerley gmain Sachen«, wovon nur angeführt seien: »2 ganz mössine Zug (?) jeder mit 2 ganz mössine Radl oder Scheiben, so zu des alten Herrn Ilsungs seeliger Zug gebraucht worden ist« (wahrscheinlich ein Flaschenzug), Maurer- und Sturmleitern, Gläser mit »Roß-Arzney, Otter oder Tax Garn, darunter mit 3 Spizen, 7 blechern gemalte Fänlin auf Dächer mit Wappen, 1 Schwimmleder um den Leib zu gürten«, etwa 70 Armbrüste und Bögen, »Haubt-Gestirne zu Rossen zum Turnieren, 4 kleine Turniersättelin, 1 alter Reitsattel, 1 altfrenkhisches Reit Schwerdt, 5 altfrenkhische Schweinschwerdt, 2 Schweizerische Schwerdt zu beiden Handen, 1 türkischer Säbel, 4 ganz weiße Kirüss, 23 Gemeine Harnisch samt iren Sturmhauben Armen und Banzerhandschuech, 2 Turnierhelme, 3 Turniersättel, Kugelmödel, 84 weitere verschiedene Büchsen«.

1657 befand sich die Rüstkammer noch im jetzigen Jagdsaal, es wurde über sie bei der Übergabe an Stauber-Imhoff ein eigenes Inventar (»Fundtbuech«) aufgenommen, das aber nicht mehr vorhanden ist. Diese wohlausgestattete Rüstkammer wurde von Stauber-Imhoff mitübernommen und, wie man annehmen muß, an die Halden weitergegeben.

1704 mußten wegen des Bayerneinfalles von Baron von der Halden an das landesfürstliche Zeughaus abgegeben werden: 5 Geschütze,

182 Doppelhaken(büchsen), 44 Büchsen, 37 Handgranaten, 4 blanke, 32 schwarz-weiße Harnisch, 28 Stangenwaffen, 3 Streithämmer, 37 Armbrüste, 2 Armbrustwinden, etwa 400 Pfeile, 3 Turniersättel, 1 ganze, 2 halbe Roßstirnen, 1 »schön messing« Maulkorb für Pferde und diverse andere Gerätschaften. Das Verzeichnis befindet sich im Tratzberger Archiv.

1741 war der Jagdsaal ausgeräumt, da der neue Eigentümer, Joseph Anton Graf von Tannenberg, ihn für andere Zwecke verwenden und die Rüstungen und Waffen in den unteren Saal (frühere Rüstkammer) verlegen wollte. Noch in der Amtsrechnung, die der Verwalter Anton Payer dem Grafen 1736 vorgelegt hatte, waren Ausgaben für Maurer- und Zimmermannsarbeiten in der »Rüstkammer« verrechnet worden, wobei sich die Arbeiten offensichtlich auf den heutigen Jagdsaal bezogen.

Im oben erwähnten »Inventario einiger Mobilien in Schloß Tratzberg« vom 12. Juni 1741 erscheint der Inhalt der Rüstkammer provisorisch in der Fuggerstube untergebracht, wo Waffen, Rüstungen usw. insgesamt vier Jahre geblieben zu sein scheinen. Damals waren vorhanden: »186 Musketen mit Radschlössern, 21 Springstecken mit Eisenhaggen, 20 unterschiedliche Lanzen, 24 Sötz Stockflinten, 3 glatte Kriegschwerter, 1 geflammtes Schwert, 1 dreieggeter Stoßdegen, 2 türkische Säbel, 1 Schild mit Zieraten und vergoldet, 1 Deckelhauben, 2 Brustblätter, der eine mit ›Dichlingen‹ (Oberschenkelschutz), 1 Kragen woran 2 Teil von den Armen hängen, 200 Bajonett mit Scheiden, 9 Rüstungen mit Helm, Brust, Arm, davon eine offenbar sehr schöne mit Goldzieraten ausgelegt (vielleicht die Salisrüstung, auf der sich noch Spuren von Vergoldung befinden, oder die, von der noch der linke Unterarm – »Nachtwehr« mit Lämpchen zu gebrauchen – vorhanden ist), 3 einzelne Brustblätter, 1 Vorder- und Rückblatt, 10 einzelne Deckelhauben, 7 Vorderteil Arm mit Handschuh, 3 Arm ohne Handschuh, 3 einzelne Handschuh, 1 einzelner Arm daran ein Schwert, 6 Krägen, 13 kleine unterschiedliche Stücke (vielleicht die 3 ›Kettelpanzerhemden‹ inbegriffen), 1 Schild, 2 halbe Roßköpf, 5 Kriegsfahnen.« Außerdem befanden sich in der Verwalterstube (damals Jägerstube) »2 messigne Stück darauf Wappen und Schrift«.

Noch im Jahre 1745 wird im unteren Saal gearbeitet: Im Erker war das Wasser eingedrungen, deshalb wird auch im übrigen Raum der Bewurf größtenteils heruntergeschlagen (wobei wohl leider auch die letzten Spuren der »heidnischen Bilder mit ihren Namen« verschwanden) und neu gemacht. Dabei war Auftrag gegeben worden, die Jahreszahl 1512 über der Eingangstür zu belassen. Auch sollen die mittleren Hirschgeweihe bleiben »und soll ein Hirsch, so gerad heraus schauet, dort hingemalen werden«. (Die Anmerkung dazu im Auftragsbogen lautet lakonisch »Der Hirsch wurde nit neu gemalen.«) Die vier Fensterbankerln dagegen wurden (ebenfalls gegen den Auftrag) abgebrochen. Die zwei Wandkästen wurden befehlsgemäß ausgemauert. Ausdrücklich wurde befohlen, die Schießscharte im Erker offen zu lassen (»in memoriam Bavarorum«). Die drei Mittelfenster im Erker werden erneuert und mit Reibern versehen, die Eingangstüre sollte neu, und zwar zweiflügelig gemacht und daher auch auf der anderen Seite zwei große Kegel eingemauert werden. Bei der kleinen Tür in die Bastelkammer sollte noch eine Eisentüre hinkommen, was aber auch nicht geschah.

Anläßlich der Neuaufstellung ließ der Graf den Sattel aus getriebenem Metall von Schwaz in die Rüstkammer bringen, auch die ungefähr 30 Flinten und zwei Fähnlein, die ins Gericht zu Rottenburg gekommen waren, sollten zurückgegeben werden. – Man sieht also, daß der erste Tannenbergische Eigentümer sich wohl um Tratzberg bemüht hat, doch wurden seine Anordnungen von den seit langem allein verfügungsberechtigten Verwaltern offenbar nur teilweise befolgt[104].

Wäre der Befehl Joseph Anton Ignaz Tannenbergs, eine eiserne Tür bei der kleinen Türe in die Rüstkammer anzubringen, ausgeführt worden, dann wäre vielleicht der Schaden vermieden worden, der im Jahre 1809 dort angerichtet wurde: Am 16. April dieses Jahres, um zwei Uhr nachmittags, kamen 20 Burschen von St. Margarethen, Galzein und Buch nach Tratzberg, das offenbar nicht verschlossen war, stießen die Tür vom Gang ins Königinzimmer auf, von wo die Margarethner Wirtsbuben sie durch die Räume der vorderen Front ins Fuggerzimmer und durch die geheime Treppe,

104 Tratzberger Archiv, G X-24.

Frühere Rüstkammer, Übersicht

Jägerstube und -kammer zur Rüstkammertüre führten, die mit einer Hacke eingeschlagen wurde. Sie trugen 20 gewöhnliche, vier türkische und vier lange Pistolen mit Radschlössern, drei türkische Säbel, fünf Büchsen, sechs Dolche und eine Partisane weg. Am 18. und 19. April kamen dann sieben bis acht Wiesinger, verlangten auch Waffen und nahmen dann mit Gewalt eine kleine Kanone, zwei Panzerhemden, zwei Brustharnische, drei Helme, zwei große und fünf kleine Spieße, zwei große Schwerter und eine Armbrustwinde mit[105].

Weiter erzählt das Protokoll vom 5. Juni 1810: »Zum letzten, beiläufig um Mariä Himmelfahrt, sind bei 60 Männer und Burschen von Jenbach, Eben, Wiesing und Münster nachmittags in das Schloß gekommen, denen auch beinahe die ganze Sturmmasse von Jenbach und Stans nachfolgte unter Anführung des H. Obereigner. Diese blieben abwechselnd drei Tage um und in dem Schloß und nahmen noch, was sie fanden von alten Spießen, Hellebarten mit

[105] Tratzberger Archiv, G XIIIa-2.

sich, das Übrige war schon am Mariä Schneetag am 5. August geplündert und zusammengeschlagen worden. Endlich kamen im November 1809 eine Schar von ungefähr 130 von Vomp und Schwaz, welche zwar nichts mehr fanden, wohl aber zwei Schlösser von den Türen und eine Schnalle wegnahmen und endlich, da sie verraten zu sein meinten, davon liefen.«

Es kann sein, daß doch auch die Bayern damals einiges davongetragen haben. Wenigstens stellt ein Verzeichnis von 1809 an angerichtetem Schaden »durch den königlichen Feind« fest[106]: »In der Rüstkammer: 3 Pöller, 1 Doppelhacken, 4 Säbel, 2 Degen, 6 Dolche, 8 Pallaster, 1 Pfeilköcher, 3 Ringelpanzer, 3 stahlene Schild, 2 Harnische samt Helm, 15 Helleparten und Lanzen, 3 Streitkolben, 1 Armbrust, 7 Ritterschwerter, 12 Schießgewehre von der ältesten Gattung, mehrere einzelne Harnischstücke, Helm und Schießgewehre.« Im übrigen Schloß waren drei Öfen, vier Kästen und elf Türen zertrümmert und beschädigt worden, ebenso einige Gemälde, Gläser und Fenster. Wahrscheinlicher ist aber, daß es sich um die oben geschilderten Ereignisse handelt und der Schaden, wie so oft, einfach dem Feind in die Schuhe geschoben wurde.

Wie aus den Akten des Gerichtes in Rotholz[107] hervorgeht, ist einiges nachträglich wieder zustandegebracht worden. Daß der Schaden nicht noch größer war, ist wohl darauf zurückzuführen, daß die Tat nicht in der Absicht zu schädigen und zu rauben geschehen ist, sondern vorwiegend aus dem Wunsch, sich zu bewaffnen und nebenbei wohl auch aus einem gewissen jugendlichen Mutwillen, daß daher in der Rüstkammer das zurückblieb, was für beide Zwecke ohne Interesse schien. Der genannte Mutwille war es auch schließlich, der die Täter verriet, da einige von ihnen bei einem Fest im Wirtshaus mit den entwendeten »Kettelpanzern« angetan erschienen. Der Vorfall zeigt aber, daß seit Joseph Anton Ignaz sich niemand mehr um Tratzberg gekümmert zu haben scheint und das Schloß auch keiner besonderen Aufsicht mehr wert gehalten worden war.

Erst mein Großvater, Franz III. Graf Enzenberg, ließ dann die noch vorhandenen Rüstungen von einem Fachmann namens Hugel in

[106] Tratzberger Archiv, G VI-47.
[107] Tratzberger Archiv, G XIIIa-2.

München wieder zusammenstellen und putzen, zum Teil auch fehlende Stücke ergänzen. Er brachte auch einiges, wie die vier Feldschlangen, die von Schloß Neubaiern stammen sollen, und einige Stangenwaffen hinzu. Artur Graf Enzenberg hat dann gegen Ende des vorigen Jahrhunderts im Namen der Enzenbergischen Union zwei Rüstungen (eine davon aus Schloß Goyen bei Meran), mehrere Stangenwaffen, Pulverhörner, Dolche und andere einzelne Stücke mit der Zeit hinzugebracht und eingereiht. Zwei Rüstungen kamen aber bei einer Teilung des Mobiliars 1926 wieder von Tratzberg weg an Rudolf Graf Enzenberg.

Als Franz Graf Enzenberg von Toni Steger die geschnitzten Tiergruppen (heute im Jagdsaal, siehe Farbteil, Abb. 6) machen ließ, räumte er die Rüstkammer wieder aus und stellte die Sachen im Kapellenzimmer (»Teufelszimmer«) auf, wo sie aber kaum Platz hatten. Artur Graf Enzenberg ließ dann die Stegerarbeiten in den wiederhergestellten Saal über der Einfahrt (der nach ihnen »Jagdsaal« benannt wurde) bringen, die Totenschilde, Rüstungen und Waffen aber wieder im »Unteren Saal« unterbringen.

Eines der interessantesten Stücke, der längste der drei Gamsspieße wie sie, aus Bildern ersichtlich, auch Kaiser Maximilian I. zur Gamsjagd benützt hat, ging in den dreißiger Jahren dieses Jahrhunderts dadurch verloren, daß er für eine Jagdausstellung in München geliehen wurde und trotz langwieriger Korrespondenzen nicht mehr zurückgekommen ist. Es ist wohl anzunehmen, daß er den damals so viel befahrenen Weg in die Sammlungen Görings genommen hat. Kaiser Max, der kühne Kletterer und »allmächtig Waidmann« pflegte die Gemsen, die getrieben wurden, in den Felsen stehend, mit solchen Spießen zu »stechen«.

Gamsspieß mit Träger vor »Maximilianschnegg«

Die Sammlung der Stift- oder Totenschilde, heute ebenfalls in der Rüstkammer untergebracht, bildet eine der Besonderheiten Tratzbergs. Trotz der Beziehungen, die einige derselben zur Geschichte des Schlosses haben, sind sie doch fast alle erst von Franz Graf Enzenberg um die Mitte des vorigen Jahrhunderts aus Freundsberg erworben worden, wohin sie aus der Pfarrkirche von Schwaz, anläßlich der Restaurierung 1832 dort ausgemustert, gekommen waren.

Neben den für Tratzbergs Geschichte interessanten Schilden des Veit Jakob Taintzl (Tänzl), gestorben 1530, des Hieronymus Fugger, gestorben 1633 (siehe Farbteil, Abb. 22), Bruders des Besitzers von Tratzberg, des Hieronymus Stauber, gestorben 1636, und der Maria Helena Elisabetha Gräfin von Tannenberg, gestorben 1765 (Blechschild), befinden sich hier noch der des Georg Sigmund Freiherr zu Firmian, gestorben 1646 (Familie mit den Tänzl verschwägert), der des Heinrich Ruedl zu Ruedlsberg (nahe Stans), des Johann Christoph von Braun, gestorben 1655, des Ulrich Truefer von Holdersberg und der schönste, der dem Alexander Collin zugeschriebene des 1573 verstorbenen Hans Dreyling, der mit Collin verschwägert war. Übrigens ist auch das Enzenbergwappen in der Toreinfahrt des Schlosses ein solcher Totenschild, aus Jöchlsthurn in Sterzing stammend.

Trotz so mancher Mißgeschicke enthält die Tratzberger Rüstkammer noch immer interessante und gute Stücke und verdient in ihrer einstigen Aufstellung durch Artur Graf Enzenberg in der Kombination mit den heraldisch und künstlerisch so interessanten Stiftschilden um so mehr Beachtung, als sie die einzige ist, die, außer Ambras, in Nordtirol noch als solche besteht.*

Die Tratzberger Jagd

Das älteste Fundstück aus der nächsten Umgebung von Tratzberg, das hier aufbewahrt wird, ist die schön geformte und wohlerhaltene Bronzespitze eines Spießes oder einer Lanze, die am Staner Joch gefunden wurde.

---

* Die beiden heutigen Rüstkammern (siehe Farbteil, Abb. 26) wurden 1992 durch die jetzigen Besitzer eingerichtet, da sich im »unteren Saal« der früheren Rüstkammer nun die Wohnung der gräflichen Familie befindet.

Während das alte Tratzberg dann sein Entstehen kriegerischen Bedürfnissen zu verdanken hatte, steht am Anfang seiner neueren Geschichte wieder die Jagd: Wenigstens dem einen der Partner des Tausches von 1501/1502, Kaiser Maximilian, war es neben der Sicherung des Wiederaufbaues der Wehrburg vor allem darum zu tun, die damals schon seltene Steinbockjagd bei Schloß Berneck von den Tänzl zu erhalten. Bezeichnenderweise wurden ja auch, wie oben bereits erwähnt, die Vereinbarungen über Jagd und Fischerei ein Jahr vorher über den Tausch selbst urkundlich niedergelegt. Das Dokument über die Jagd vom 24. August 1501[108] lautet wie folgt:

»Wür Maximilian von Gottes gnaden Römischer Künig etc. Bekhennen, nachdem Wür unnd unnser getreu: lieb: Jacob u. Symon Tennzl gebrüeder ainen Tausch unnd Wechsel umb die Schloss Trazberg unnd Berneck mitainander gemacht, das wür unns umb alle gejaid unnd vischungen, so zu denselben Schlossen gehören, auch vertragen haben, wie hernach volgt, dem ist also: das Unns alle gembs unnd Stainwildgejaid, auch alle vischung, so gen Berneck gehört, mit aller Freyheit unnd gerechtigkeit wie dieselben Tennzl sie bishern innegehabt unnd gebraucht zusteen: unnd beleyben sollen: da entgegen so haben Wür inen zuegestelt unnd gegeben alle Hirsch unnd gembs gejaid von Fumperpach dem Grad nach bis auf den Achensee: unnd von dannen das Tal ab bis an die grenzen an unnser Ohaimen Herzog Albrechts unnd Herzog Jörgen von Bayern gebiete: auch des gottshaus zu Tegernsee gebiete, ausgenomen das Hirschgejaid am Kogl unnd das gembsgejaid am Seeberg, beyde am Achensee gelegen. Dieselben zway gejaid solen unns beleyben. Item mer so haben Wür inen gegeben alle Hirsch unnd gembsgejaid her dishalb des Yns vom Püllerpach hin ab bis Herzog Jörgen von Bayern gebiete, auch das Gembsgejaid enhalb der Rüss gegen Aufgang der Sonnen, unnd darzue alle Vischwaid in der Rüss: Also das Wür zue baidenseit unnd hinfür die obegemelten Gejaid unnd vischungen Innhaben, nuzen, niessen unnd nach Unnsern gefallen gebrauchen sollen unnd mügen, unnd nach Unnsern Tod unnd abgang so sollen Unnsere Erben die gejaid unnd Vischung, die Wür den Tennzlen hierin gegeben haben, unnd dagegen Inen oder Iren

108 Beglaubigte Abschrift, Tratzberger Archiv, G VIII, 1-2.

Erben die vorbestimbten Iro gejaid unnd Vischungen frey lediglichen widerumb zusteen unnd vervolgen. Wür haben auch den genanten Tennzlen dise sonder gnad getan unnd Freyheit gegeben unnd tuen das wissentlich in khraft diss Briefs: Also wan sy an den gemelten gejaiden, so Wür inen zuegestelt haben Jagen, das sy die Paurn daselbst umb zue solchem erfordern, und darzue die Hundtsleg in den dreyen Pfarrn zue Schwaz, Münster unnd Füegen haben unnd sich das alles gebrauchen mügen in allermassen wie Wür als landtsfürst das zue tuen macht haben, dieselben Paurn unnd Pfarrn sollen inen auch in solchen gehorsam unnd gewertig seyn alles getreulich unnd ungeverlich.

Mit Urkund dis Briefs besigelt mit Unnserm Küniglichen anhangenden Insigln unnd darzue hab Ich vorgenanter Jacob Tennzl von meinen unnd meines bruders Symon Tennzl wegen meyn Insigl auch hieran gehangen, darunder Ich mich ietzgemelter Symon Tennzl verpinde, Geben zu Ynnsprugg an Sant Barthlmestag nach Christi gepurt fünfzehenhundert unnd Im Ersten Unnser Reiche des Römischen im sechzehenden, unnd des hungerischen im zwelften Jaren.

gez. Max
L S. L S.
Commissio Dni Regii
ppia gez. M. Ziegler«

Es bezieht sich, wie man sieht, auf die Hochwildjagd, die ein Privileg des Landesfürsten war, während die Jagd auf Niederwild dem jeweiligen Grundherren zustand. War diese Hochwildjagd hier den Tänzl zunächst nur auf Lebenszeit des Königs zugestanden, so berichtet das Schatzarchivregister, LRAI, 11, fol. 420, davon, daß Veit Jakob Tänzl dem Kaiser 1507 wieder einmal 5000 Gulden geliehen und als Pfand das Gericht Rottenburg mit der Jagd im Karwendel erhalten habe.

Die nächste vorhandene Nachricht besagt, daß Jakob Tänzl 1513 von St. Georgenberg Jagd und Fischerei im Achental auf vorläufig zehn Jahre pachtet[109], worauf sich folgerichtig der Abt des Klosters 1522 bei König Ferdinand, der den Wunsch hegt, diese Jagd und

109 Chronik von St. Georgenberg, S. 149.

Fischerei zu pachten, mit diesem bestehenden Pachtvertrag mit dem Tänzl entschuldigt. Er wolle aber nach Ablauf der Pachtzeit die Jagd selbst behalten und sei gerne bereit, den König dann jederzeit dort jagen zu lassen[110].

Zur Zeit, als Erzherzog Ferdinand Schloß Ambras erwirbt, macht sein dortiger Aufseher den Erzherzog, der an seltenen Jagdtrophäen interessiert ist, auf die bedeutende Sammlung an solchen des Georg Ilsung auf Tratzberg aufmerksam, bittet aber, seinen Namen diesem gegenüber nicht zu erwähnen. Die eingemauerten »Hürsch-Khürne« dürften vielfach wohl zu den ältesten Beständen der Schloßeinrichtung gehören und sind zweifellos auch vom jagdlichen Standpunkt aus interessant (siehe Farbteil, Abb. 15).

Als nächste Nachricht finden wir im Landesarchiv Innsbruck, fol. 110ff., ein »Embieten unnd Bevelch« vom 9. April 1601 der oberösterreichischen Kammer folgenden Wortlauts:

»Der ob. öst. Cammer bevelch ist, das Georg Vellengibl, Burger des Rats unnd Maler allhie, sich den negsten unnd alspald auf das Schloss Tratzperg so bey Schwaz ligt verfüegen unnd den Geyr, welcher vor der Zeyt da worden geschossen unnd allda abgemalen worden seyn solle, in der lennge unnd gross auch allergestalt wie selbiger ist, fleyssig abmalen unnd fürder der Cammer one vertzug oberantwurten thue unnd es wil auch mergemelte Cammer zue des herrn Georgen Fuggers als yezigen Innhabers des Schloss Trazpergs verordneten Pflegsverwalter oder Gewalthabern versehen unnd desselbigen hiemit ersucht haben, Sy werden Ime Vellengibl hiezu alle guete anleitung geben und mingister (mindestens) kain Verhinderung zuefüegen. Actum den 9. aprilis 1601.«

Auf Schloß Tratzberg in der Halle neben der jetzigen Küche befindet sich eine Sammlung von recht guten Abbildungen seltener Jagdbeuten aus dem 17. und 18. Jahrhundert, die allerdings wohl aus Schloß Thurneck von den Tannenberg stammt, aber sicher auch das ein oder andere Stück, das in der Umgebung Tratzbergs geschossen wurde, enthalten wird.

Vom 20. März 1677 finden wir dann die Bestallung des Michael Jaud »für einen Reissjäger und Holzwarth erwenter Herrschaft Trazberg«, der »aufgenomen also und dergestalten, dass er sein

110 Ebd., S. 154.

vleissig getlireues aufsehen haben solle auf die Trazbergischen Coherenzen, gehilz, Wun, Waidt, sowol in den Burkhwaldungen und Auen, als auch zu denen Bestandsgüetern gehörigen Holzliessen«. Unter den hier bestimmten Schußgeldern für den Jäger seien erwähnt: 1 Fux Pelz 24 Kr, 1 Spielhennen 10 Kr, 1 Edlmarder 8 Kr, 1 Steinmarder 6 Kr, 1 Hassl und Schneehun 6 Kr, 1 Hasen 6 Kr, umb ein Taxhaut 6 Kr, 1 Eltes (Iltis, der also damals hier noch vorkam) 4 Kr, 1 Cämbs 1 Gulden etc.«[111]

Daß unter Reißgejaidt die Niederjagd zu verstehen ist, geht aus der »Forst Knechts Instruction« vom 28. November 1689[112] des Paris Grafen zu Lodron als oberstem Jägermeister der ober- und vorderösterreichischen Landen hervor, in der es heißt, daß das Reißgejaidt den Gerichtsherren der Gegend zustehe, daß aber der landesfürstliche Forstknecht dafür sorgen solle, daß bei der Ausübung desselben dem Hochwild kein Schaden zugefügt werde, insbesondere auch die gefährlichen, schädlichen Zäune mit spitzen Pfählen nicht errichtet würden.

Zwischen 1787 und 1793 spielt sich dann der langwierige Rechtsstreit zwischen Ignaz Josef Johann Graf von Tannenberg und dem Stift Fiecht ab, wobei es sich um die Frage der Grenzen der Niederjagdgerechtigkeit zwischen Tratzberg und St. Georgenberg handelt. Ausgelöst wurde er dadurch, daß Fiechter Jäger und auch einer der Patres von dem Tannenbergischen Jäger Martin Hupfauf auf Tratzberger Gebiet jagend ertappt wurden. Auf des Grafen Klage kam es zu einem zweimaligen Prozeß, zuerst des Grafen gegen Fiecht, dann des Fiskus gegen den Grafen, da der Fiskus sich (wie sich herausstellte, unrechtmäßigerweise) als Vertreter des angeblich aufgehobenen Stiftes einschaltete. Fiecht leugnete zunächst, daß Tratzberg überhaupt einen Burgfrieden und damit das Recht der Niederjagd besitze, behauptete dann, daß die Grenze desselben unmittelbar beim Schloß verlaufe, da die als Grenze erwähnte »Hauslahn« beim Schloß selbst anzunehmen sei, das vor dem Bau der Tänzl ein ganz gewöhnliches Haus gewesen sei. Der Rechtsstreit endete, nachdem er zweimal durch die Instanzen gegangen war, mit vollem Erfolg des Grafen Tannenberg: Die Grenze der Jagdgerechtigkeiten wurde damals im wesentlichen

111 Tratzberger Archiv, G XIIIa-1.
112 Tratzberger Archiv, G XIIIa-3.

gleichlaufend mit den heutigen Gutsbesitzgrenzen festgelegt. Interessant ist, daß der Jäger Hupfauf d. Ä. im Laufe der Verhandlungen bezeugt, sein Vater, der unter Halden Jäger gewesen sei, habe ihm gegenüber den Grenzverlauf immer so angegeben[113].
Als Beilage zu den Schriftsätzen des Grafen Tannenberg in diesem Prozeß wurden auch die beiden Karten der Jagdgebiete vorgelegt, die jetzt in einer Fensternische des Jagdsaales hängen.
Die Tannenbergischen Eigentümer Tratzbergs waren übrigens Erblandjägermeister von Tirol, Teile ihrer Ausrüstung als solche, das Hifthorn, der Hundekelper usw. befinden sich noch in Tratzberg, ebenso zwei Bilder von Mitgliedern der Familie in der Uniform der Erblandjägermeister.
1848, als der nachmalige Kaiser Franz Josef I. als Erzherzog während der Wiener Revolutionszeit in Tirol weilte, erlegte er als Gast des Grafen Franz Enzenberg in dem damals pachtweise zu Tratzberg gehörenden Revier bei Pertisau am Achensee seine ersten zwei Gemsböcke. Die Beschreibung dieser Jagd sowie seine Unterschrift finden sich im Tratzberger Fremdenbuch als allererste Eintragung. Auch die hübsche geschnitzte Jägergruppe des Naturtalents Toni Steger im Jagdsaal erinnert an diese Jagd.
Einer der treuesten Jagdgäste Tratzbergs, Graf Konstantin Thun-Hohenstein, war es übrigens, der, wenn auch nicht auf Tratzberger, so doch auf benachbartem Stanser Gebiet 1898 den letzten Bären in Nordtirol erlegte.

Die Enzenbergzeit (seit 1847)

Das Geschlecht der Enzenberg taucht in Tirol zum erstenmal mit Eberhardt Entzenperger um 1495 auf, der damals als Gefolgsmann König Maximilians aus dem bündnerischen Krieg ins Land kam. Sein Sohn Christoph ist 1538 bis 1560 in der Gegend von Klausen nachweisbar und heiratet 1540 eine Anna Fragnerin von Fragburg. Dessen Sohn Georg d. Ä. ist Pfleger und Zoller an der Mühlbacher Klause, erhält den Wappenbrief über das Wappen mit der zum Sprung ansetzenden Gemse und den Beinamen »zu Freyenthurn«.

113 Prozeßakten, Tratzberger Archiv, G IV.

Seine Söhne Michael und Ananias sind die Begründer der beiden Hauptlinien des Geschlechtes, die sich nach rund 200jähriger Trennung in den Eltern jenes Franz Grafen Enzenberg wiedervereinigten, der durch seine Heirat mit Ottilia Gräfin Tannenberg in den Besitz von Tratzberg kam.

Die Nachkommen jenes Michael waren fürstbischöflich-brixnerische Räte, erwarben um 1600 den Jöchlsthurn in Sterzing, wurden 1691 in den Freiherrenstand erhoben. Kassian Ignaz Freiherr von Enzenberg zu Freyen- und Jöchlsthurn, geboren 1709, erwarb sich besondere und unvergessene Verdienste um das Tiroler Schulwesen. Er wurde am 14. April 1764 von Kaiserin Maria Theresia in den Grafenstand erhoben, die ihm und seiner Familie stets freundschaftlich verbunden blieb. Tratzberg bewahrt ein ganzes Konvolut von Originalprivatbriefen der Kaiserin an ihn und seine Gattin, Sophie Amalia Freiin von Schack.

Sein Sohn Franz Josef, Präsident der Kärntner Landesregierung während der Napoleonischen Kriege, heiratete Gräfin Rost, eine entfernte Nachkommin der Helena Tänzl, Tante Veit Jakobs, des Erbauers des Schlosses Tratzberg.

Die Familie des Ananias von Enzenberg (gestorben 1635) blieb bis Ende des Jahrhunderts als Pfleger und Zoller in der Klause bei Mühlbach und kam dann nach Toblach im Pustertal. Ihr Sproß Karl Jakob von Enzenberg hat sich, ebenfalls unter Kaiserin Maria Theresia, große Verdienste, besonders als Administrator und Einrichtungskommissär der neuerworbenen Bukowina, erworben und wurde in den Freiherrenstand erhoben.

Durch die Heirat seiner Tochter Maria, genannt Mimi, mit ihrem entfernten Verwandten Franz II. Graf Enzenberg, Enkel des Kassian Ignaz, vereinigten sich diese beiden Linien wieder. Der Sohn dieses Paares, Franz III. Graf Enzenberg, wurde am 14. Februar 1802 in Klagenfurt geboren und heiratete im Jahre 1831 Ottilia Gräfin Tannenberg.

Nach dem Tode der beiden Grafen Alois und Rudolf von Tannenberg (1846) gingen die Allodialbesitzungen dieses Hauses im Jahre 1847 teils im Erbwege, teils im Wege der Ablösung in das Eigentum der Gräfin Enzenberg über, und es eröffnete sich damit der

Verwaltungstätigkeit ihres Gatten ein weites Feld, welcher Aufgabe er sich unter rücksichtsloser Einsetzung seiner Persönlichkeit und seiner finanziellen Mittel widmete: In Tratzberg, Schwaz, Stans, Pill, in den Bergwerken im Ahrntal, in Kaltern, Terlan, Innsbruck usw., – überall wurde neu aufgebaut, renoviert, verbessert, hinzugekauft. Er war Mitglied des Herrenhauses, Präsident der Tiroler Landwirtschaftlichen Gesellschaft, Förderer der Künste und eifriger Sammler von Kunstgegenständen, Gemälden und Kupferstichen.

Tratzberg (und nicht Tratzberg allein) befand sich in einem Zustand völliger Verwahrlosung. So weiß ich aus den Erzählungen einer in meiner Jugend alten Hausangestellten aus deren Jungmädchenzeit, daß im Schloßhof gelegentlich Vieh geweidet habe, daß im Tänzlsaal Türken (Mais) »gebratscht« oder »getschillt« worden sei und die jungen Mägde von dort durch das offene Kaminloch in das Hofmeisterzimmer hineingekrochen seien und dort getanzt hätten. Überall drang das Wasser herein, und die Verglasung war derart mangelhaft, daß die Spechte in vielen Zimmern, z. B. im Getäfel des Fuggerstubenerkers, ihre Werkstatt aufgeschlagen hatten, wovon noch die Spuren zu sehen sind.

Wäre Tratzberg weiter in der bisherigen Weise vernachlässigt worden, es wäre heute nicht viel mehr als eine nur für Historiker und Kunsthistoriker vom Fach interessante Ruine. Noch ärger wäre es geworden, hätte man das Schloß ohne Rücksicht auf das historische Gepräge einfach in damaliger Art und mit damaliger Einrichtung wieder bewohnbar gemacht.

Bei Beurteilung der Renovierungstätigkeit, die Franz Graf Enzenberg in Tratzberg entfaltete, darf nie vergessen werden, daß er es war, der Tratzberg wieder zum Inbegriff eines tirolischen Schlosses des 16. Jahrhunderts, eines der bedeutendsten in der Kunstgeschichte des Landes überhaupt, gemacht und vor dem vollkommenen Verfall gerettet hat.

Er ließ die Terrassenanlagen unterhalb des Schlosses wiederherstellen, die vier schwerbeschädigten der acht Türmchen am Westrande derselben mit ihren ganz verfallenen Stiegen wieder aufrichten, den fahrbaren Weg vom Schloß zum Riedhof, zur Wirtsta-

Blick im Winter von Südwesten auf das Schloß

ferne und zum Stutenhof anlegen (der alte war, ungefähr dem Georgenberger Weg folgend, vom Schloß aus zunächst angestiegen und dann viel zu steil ins Tal hinabgegangen). Durch Sprengung der Felsen an der Nordseite des Schlosses schuf er den dortigen freien Platz.

Auch im Inneren wurden einige bauliche Änderungen durchgeführt: Da das Schloß nun wieder von der Herrschaft bewohnt werden sollte, ergaben sich Schwierigkeiten mit der im alten Propsteitrakt befindlichen Kaplanswohnung, vor allem wegen der gemeinsamen Küche. Nach längeren Verhandlungen mit Brixen wurde die Verlegung der Kaplanei in die Südostecke des Parterres bewilligt. Der dort befindliche große Raum, der, wie die anderen Eckräume, von einer Marmorsäule gestützt war, wurde in mehrere kleine Räume geteilt, die Säule entfernt (sie steht jetzt in Teilen in den südlichen Hofarkaden). Die Räume links und rechts der Toreinfahrt wurden als Jägerwohnung (südwest) und Schloßwartwohnung (nordwest) umgestaltet. Graf Franz von Enzenberg versuchte auch, Tratzberg von der Georgenberger Wasserleitung unabhängig zu machen und ließ zu diesem Zweck an dem Weg nach St. Georgenberg vor dem Fuchsbichl zwei Stollen in die Felsen treiben. Es ergab aber nur der eine ganz wenig Wasser.

Am meisten war natürlich am Dach, an den Dachböden und der Inneneinrichtung zu erneuern. Die Dachböden des Schlosses bilden einen wahren Wald von Tramen, Holzpfeilern und Verstrebungen, in dem man sich fast verirren kann. Hier und an den Dachdeckungen waren wohl die ärgsten Schäden zu beheben, wie schon daraus hervorgeht, daß sich z. B. die Decke des Habsburgersaales stellenweise um mehrere Zentimeter gesenkt hatte, weil mehrere Tramenköpfe so angefault waren, daß sie von den anderen mitgetragen werden mußten. Aus diesem Grunde ist offenbar auch an der Decke dieses Saales verhältnismäßig viel, vor allem die Randleisten und einige der Zierrippen, erneuert worden. Auch wurde die Decke an manchen Stellen gehoben und dort mit Haken neu an der Wand befestigt. Diese Erneuerung hat wohl auch einen Teil der dort sichtbaren, der Gotik kaum zuzuschreibenden Unregelmäßigkeiten verursacht.

Aus dem Dachgebälk

Vielfach mußten die Böden der Räume neu gelegt werden, z. B. in der Fuggerstube. An vielen Stellen wurden die wahrscheinlich von den Halden angebrachten Wandtapeten entfernt, so ebenfalls in der Fuggerstube, und der gotische Charakter damit wieder hergestellt. Öfen wurden in den meisten Stuben neu aufgestellt, teils aus den vorhandenen alten Kacheln, teils aus alten Kacheln von anderwärts. Die Fenster mußten fast überall neu hergestellt und verbleit werden. Die Wand und Deckentäfelungen, die überall vom Holzwurm, von der Tätigkeit der frei einfliegenden Spechte und vom eindringenden Wasser schwer beschädigt waren, wurden sorgfältig und überwiegend durchaus stilgerecht ausgebessert, ebenso, wo es nötig war, die Wandschränke, Waschapparate, hölzernen Zierstücke und einige Türen.

Schließlich war an Möbeln und sonstiger Einrichtung, wie aus den Inventaren der Halden- und ersten Tannenbergzeit schon hervorgeht, sehr wenig vorhanden. Die Ergänzung wurde teils aus den anderen zum Besitz gehörigen Schlössern, teils durch Kauf alter hineinpassender Stücke vorgenommen.

Franz Graf Enzenberg hat insbesondere die Rüstkammer, deren Bestände ja nach 1704 und 1809 nur mehr geringfügig waren, durch Ankäufe alter Stücke vorwiegend glücklich ergänzt und die bedeutende Sammlung von Totenschilden, einen besonderen Schmuck des Schlosses, neu geschaffen.

Mehr eine Kuriosität bilden die geschnitzten Tierfiguren des bekannten Bildschnitzers Toni Steger aus dem Kaasbachtal bei Jenbach, die heute an den Wänden des »Jagdsaales« aufgestellt sind. Dieser, ein abgestrafter Wilderer, dessen künstlerische Fähigkeiten während seiner Haft aufgefallen waren, arbeitete mehrere Jahre für den Grafen, der auch für seine Fortbildung Sorge trug. Er hatte phantastische Pläne: Er wollte eine Art prähistorisches Diorama (wie es erst später üblich wurde) in Tratzberg aufstellen. Von den zuerst in der heutigen Rüstkammer untergebrachten Gruppen ist vor allem die Jägergruppe mit den sehr lebendig gestalteten Porträtfiguren des jungen Erzherzogs Franz Josef und des Grafen Enzenberg mit ihren beiden Jägern interessant.

Wie schon erwähnt (Abschnitt: »Der Habsburger Stammbaum«)

Erker der Königinstube, Originalskizze von Carl Spitzweg, 1846

wurden im Habsburgersaal die wahrscheinlich zur Haldenzeit roh gemalten Waldszenerien und die verblaßten Teile der Stammbaummalerei renoviert, im allgemeinen, wie man durch den Vergleich mit den verbliebenen alten Teilen feststellen kann, in dem Original entsprechender Weise.

Von ihm wurden in den Habsburgersaal auch die »Tizianstühle« gebracht, die er im Hause der Vecelli in Pieve di Cadore von der Witwe eines Vecelli, Kusine der Mimi Enzenberg, geborene Enzenberg, erwarb.

Ein glücklicher Zufall hat uns einige Handzeichnungen des berühmten Münchner Malers Spitzweg vom Jahre 1846 erhalten, die kleine Interieurs sowohl der heutigen Kaplanei als auch des Habsburgersaales kurz vor der Renovierung, der Fuggerstube, der Jägerstube, des Königinzimmers und eine Außenansicht zeigen. Sie wurden von Artur Graf Enzenberg auf einer Auktion erworben.

Gräfin Ottilia starb in Innsbruck im Jahre 1874, Graf Franz Enzenberg in Tratzberg, in der von ihm bewohnten Jägerstube im Jahre 1879. Von seinen Söhnen war Rudolf ihm im Tode vorausgegangen, mein Vater Hugo, geboren 1838, und mein Onkel Artur, geboren 1841, teilten sich in die Sorge um Tratzberg, während das Erbe im übrigen bis zum Tode des letzteren (1925) namens der »Gräflich-lich Enzenbergischen Union« verwaltet wurde.

Während mein Vater hauptsächlich die Kupferbergwerke im Ahrntal betreute und sich mit naturwissenschaftlichen Studien beschäftigte, war Artur Graf Enzenberg zunächst im Staatsdienst tätig, befaßte sich viel mit historischen und kunsthistorischen Studien und war im Ruhestande Kurator des Landesmuseums Ferdinandeum in Innsbruck.

Zu seiner Zeit und unter seiner Leitung wurde durch die »Gräflich Enzenbergische Union« das Schloß weiter ausgestaltet. So wurde der Saal über der Einfahrt – damals noch in zwei Teilen als Aufbewahrungsort von Bildern und Totenschilden sowie als Restaurierungsraum in Verwendung – wiederhergestellt, die Trennungswand zwischen den zwei Teilräumen niedergelegt und die schöne gotische Säule von der Verschalung befreit. Die Schußscharten neben dem Tor wurden von innen wieder geöffnet, auch die wahrscheinlich unter Joseph Anton Ignaz Graf Tannenberg eingesetzten Doppelflügeltüren im Jagdsaal durch die jetzige normalgroße Tür ersetzt. Die Stegergruppen, die in der Rüstkammer herumstanden, wurden in dem wiedergeschaffenen Saal in der heutigen Weise aufgestellt, der davon den Namen »Jagdsaal« erhielt (siehe Farbteil, Abb. 6).

Der Gang im zweiten Stockwerk von den Maximilian- zu den Tänzlzimmern, dessen Fußboden nur aus den offen zutage liegenden Gewölbedecken des unteren Ganges bestand, wurde mit einem richtigen Fußboden versehen. Weiters wurde auch das wahrscheinlich schon von Georg Ilsung wegen eines die Harmonie der Fensterreihe störenden Fensters abgerissene hofseitige Getäfel der Maximiliankammer im alten Stil hergestellt.

Die von Graf Franz Enzenberg wegen des Holzwurmes vorgenommene Lackierung der Decken- und Wandtäfelungen wurde in

Graf Franz Enzenberg (rechts) mit seinem Jäger Lambert, links Kaiser Franz Josef I. als Erzherzog beim Besuch auf Tratzberg (1848). Schnitzerei von Anton Steger um 1850

den gotischen Zimmern als nicht stilgerecht sorgfältig entfernt (mit Ausnahme des Habsburgersaales). Die Rüstungen, Waffen usw. wurden aus dem »Teufelszimmer« (Kapellenkammer), wo sie seit Graf Franz notdürftig untergebracht waren, zusammen mit den Totenschilden in der Rüstkammer neu aufgestellt und noch einiges hinzuerworben. Die nicht in den einzelnen Räumen verwendeten Bilder altdeutscher Meister und einige gotische Schnitzwerke kamen in das Teufelszimmer, das seinen Namen nach einem sagenhaften Ritter führt, der sich dort, während der heiligen Messe in der anstoßenden Kapelle, unziemlich benommen haben und vom Teufel durch das Eisengitter des Fensters hinausgerissen worden sein soll.

Dieser Ritter soll auch nach der Sage der Urheber der Waldbrände um Tratzberg sein, da er aus dem Höllenfeuer gelegentlich in der Nähe des Schauplatzes seiner Schandtat umherirre.

Der größte dieser Waldbrände brach zu Pfingsten 1888 aus, wohl infolge eines nicht gelöschten Hirtenfeuers. Durch die große Trockenheit und einen ständig von der Richtung Jenbach her wehenden Wind wurde das Feuer vom Kienberg aus immer näher an das Schloß herangetragen. Versuche, es an der Riese vor dem Hirschbichel aufzuhalten, mißlangen, da ein brennender großer Baum die Riese bergab rollte und das Gestrüpp auf der anderen Seite derselben entzündete. Es wurde Militär angefordert, das aber nicht mehr viel machen konnte, so daß das Schloß bereits aufgegeben und evakuiert wurde, als ein unerwartet einsetzender Regen schließlich die Rettung brachte. Ich kann mich erinnern, daß noch tagelang die Feuerwachen tätig waren, um ein Wiederauflodern des an vielen Stellen noch glosenden Waldbodens zu verhindern.

Außer diesem und einigen kleineren Waldbränden hatte Tratzberg nur noch zu Ende des Zweiten Weltkrieges durch eine Phosphorbombe zu leiden, die jedoch dank der vorher vorgenommenen Imprägnierung des Gebälks nur geringen Schaden in den Zimmern des zweiten Stockwerkes der ehemaligen Propstei verursachte.

Dem durch Jahre gehegten Wunsch nach einer Teilung des bisher gemeinsamen Besitzes wurde anläßlich des Todes des Artur Grafen Enzenberg im Jahre 1925, dem mein Vater 1922 vorausgegangen war, ebenso wie seinem testamentarischen Wunsch, daß sein Anteil auf mich, seinen Neffen, übergehen sollte, im Jahre 1926 Rechnung getragen. In bezug auf Schloß Tratzberg, an dem auch meine Schwester, Maria Ottilie, von unserem Vater, Hugo Graf Enzenberg her ihren Anteil hatte, verfügte diese in selbstloser Weise, daß die Fürsorge für das Schloß und das Eigentum an demselben in meiner Hand vereinigt sein sollten, was sie mir in einer schönen, altertümlich geschriebenen Schenkungsurkunde zu meinem 50. Geburtstag zum Ausdruck brachte.

Ein kleines Schicksal für sich hatten in diesen letzten Zeiten die Glocken des Tratzberger Kapellentürmchens. Nachdem im Ersten Weltkrieg (11. September 1916) die große Glocke zum Einschmelzen angefordert worden war, schenkten meine Mutter, Antonie geborene von Reinisch, und meine Schwester eine neue Glocke, die von Monsignore J. Weingartner am 26. August 1928 geweiht wurde. Im Zweiten Weltkrieg wurde auch diese wieder weggebracht, und nun ließ meine Schwester zum zweitenmal eine Glocke gießen, die sie am 11. November 1950 mit herzlichen Segensworten uns und dem lieben Tratzberg übergab.

Schlußwort

So haben wir nun die Geschichte Tratzbergs rund sechseinhalb Jahrhunderte hindurch verfolgt. Man kann wohl sagen, daß ein besonders gütiges Geschick diese Geschichte bisher zu leiten schien.

Selbst die alte Wehranlage ist während ihres 200jährigen Bestandes nicht von vernichtenden kriegerischen Ereignissen betroffen worden. Wenn die Unzuverlässigkeit des Pflegers Sanazeller sie schließlich den Flammen zum Opfer fallen ließ, so war das, was daraus entstand, um so viel wertvoller, daß wir dieses Mißgeschick fast nicht bedauern können.

Wieder könnte man darüber klagen, daß der Niedergang des Tänzlischen Reichtums uns so mancher gotischer Kleinodien beraubt haben mag, die wohl im Plan Veit Jakobs und seiner Künstler vorgesehen waren; daß weiters die Prunksucht des Georg Ilsung einige der vorhanden gewesenen Schätze dem neuen Stilgefühl der Renaissance zum Opfer gebracht hat. Dennoch verdanken wir diesen Umständen, daß wir in Tratzberg, wie kaum sonst, beide Stile gleichmäßig vertreten finden, den Übergang vom einen zum anderen verfolgen können – und daß schließlich doch eine großgedachte Einheit zustandegekommen ist, wie sie die Gotik allein vielleicht nicht hätte schaffen können.

Die Unglücksfälle, die das Schloß betrafen – das Lawinenunglück von 1689, die kriegerischen Ereignisse von 1703, 1809 und 1945 – sind vergleichsweise nur von geringen Schäden begleitet gewesen, ersteres hat sogar Anlaß zu weiterem inneren Ausbau gegeben. Selbst die Tatsache, daß sich rund ein Jahrhundert lang niemand um das Schloß kümmerte, hat ihm wahrscheinlich nur zum Vorteil gereicht, denn sie bewahrte Tratzberg vor eingreifenden Veränderungen aus dem Geiste des Barocks, der im allgemeinen wenig Pietät für die alten Stile zeigte.

Mit Ausnahme der Fugger und Imhoff sind alle Geschlechter, die Tratzberg besaßen und an ihm gebaut haben, ausgestorben. Aber sie leben fort in dem Stempel ihres Wesens, den sie dem Bau aufgedrückt haben, und den dieser getreulich für unsere Zeit aufbewahrt hat.

Es ist der Stolz des Schlosses Tratzberg, daß es nicht ein zusammengetragenes Museum, sondern ein lebendig gewachsenes Ganzes ist, mit den Mängeln, die allem Lebendigen anhaften, gerade darum aber liebenswerter und eindrucksvoller, als eine künstlich geschaffene oder bewahrte Stilreinheit es je sein könnte.

So möge es, als Vermächtnis jener Zeiten, in denen der Tiroler Adler gemeinsam mit dem kaiserlichen des großen Maximilian seine Schwingen zum Flug in die größte Zeit Österreichs ausbreitete, bewahrt bleiben für kommende Zeiten, die, mögen sie nun für unsere Nachkommen hell oder dunkel werden, der Wurzeln nie werden vergessen dürfen, aus denen sie erwachsen sind und deren Querschnitt Tratzberg in seltener Vollständigkeit uns zu zeigen imstande ist.

Chronologische Übersicht

Eigentümer und Pfleger

Sighard I. Cholb. Erste Erwähnung Tratzbergs 1296.

1300 Sighard II. (Sigellino) Cholb von Tratzberg, Pfleger. Verpfändung als dos an Kgin. Anna von Böhmen.

1320 Seyfrid von Rottenburg, Pfleger.

1330 Heinrich von Tratzberg, Sohn Meinhards II. oder König Heinrichs von Böhmen, Pfleger.

1360 Johann von Freundsberg, Pfandbesitzer. Freundsbergischer Pfandbesitz bis 1407.

1410 Ulrich von Weisbriach, Pfleger in Tratzberg.

Cunrad (Gamoreth) Pucher, Pfleger in Tratzberg. Bayerneinfall.

1420 Verpfändung an Herzog Albrecht.

1430 Moriz Hergasser, Pfleger.

1440 Wilhelm Voldrer von Friedberg, Pfleger.

Thomas Schindler, Pfleger.

1450 Conrad Köffer, Pfleger. Verpfändung an Ulrich von Cilli.

1460 Ausgestaltung des Wehrbaues.

1470 Hans Kaufmann von Schwaz, Pfleger.

Anton von Roß, Pfleger.

1480 Hochprand Sanazeller, Pfleger. (Hans von Tratzberg in Südtirol erwähnt.)

Brand Tratzbergs.

1490 Lamprecht Erlacher.

1500 Veit Jakob und Simon Tänzl, Eigentümer Tratzbergs. Bau des Schlosses.

1510	Einweihung der Kapelle.
1520	Tod des Simon Tänzl.
	Tod des Veit Jakob Tänzl.
1530	Kaspar Joachim Tänzl, Sohn des Simon Tänzl.
	Mathias Manlich, verschwägert mit dem Vorigen.
	Georg Ilsung, Vetter des Vorigen.
1560	Renaissanceausbau des Schlosses. Nordtrakt, Vorplatzarkaden, Zwinger, oberer Gang, Burgfrieden.
1580	Friedrich Ilsung, Sohn des Obigen.
1590	Anna Ilsung, vermählt mit Jakob Fugger, Schwester des Vorigen. (Erste Erwähnung der Rüstkammer.) Fuggerinventare.
1600	Georg Fugger, Sohn der Obigen.
1620	Wasserleitungsvertrag mit St. Georgenberg.
1640	Leopold Fugger, Neffe des Vorigen.
1660	Konstantin Imhoff und Barbara Fillin, dessen Tante. Verkauf um 33 000 Gulden.
1680	Maria Elisabeth Imhoff, Tochter des Vorigen, vermählt mit Franz Rudolf von der Halden. Ständiger Schloßkaplan. Wirtstaferne.
1690	Lawinenunglück. Teilungsvertrag zwischen den Töchtern Imhoffs. Innenausbau des Nordtraktes, 1. Stock.
1700	Bayerneinfall. Stiftung der Propstei.
1710	Josef Leonhard Hieronymus von der Halden, 1. Propst: Rudolf Ernst Severin von der Halden, 2. Propst: Christoph Ignaz von der Halden, Söhne der Vorigen.
1720	Neuer Altar in der Kapelle.
1730	Josef Ignaz von Tannenberg. Verkauf um 52 000 Gulden. »Specification«.
1740	3. Propst: Johann Nepomuk Freiherr von Sternbach.

1750	Innenausbau des Nordtraktes, 2. Stock.
1770	Ignaz Josef Johann Graf Tannenberg (blinder Tannenberg), Sohn des Vorigen. 4. Propst: Josef Graf von Khuen.
1780	5. Propst: Alois Graf von Khuen.
1790	Aufhebung der Propstei.
1800	Plünderung der Rüstkammer. Burgfrieden mit Schwaz vereinigt, dann mit Rottenburg.
1810	Tannenbergische Erbsunion. Alois Graf Tannenberg (Sohn des Vorigen). 1820
1840	Ende des Burgfriedens.
1850	Ottilia Gräfin Tannenberg, Schwester des Vorigen, vermählt mit Franz III. Graf Enzenberg. Renovierung des Schlosses.
1860	Toni Stegers Jagdgruppen.
1880	Enzenbergische Erbsunion.
1890	Großer Waldbrand.
1900	Weitere Ausgestaltung unter Leitung von Artur Graf Enzenberg.
1920	Sighard Graf Enzenberg, Teilung der Erbsunion.
1945	Phosphorbombe auf das Schloß
1950	Besitzübergabe an Georg Graf Enzenberg, Sohn des Sighard Graf Enzenberg
1970	Renovierung und Neuausmalung des Innenhofes.
1980	Neudeckung der Dächer und der Zwingertürme.
1990	Ulrich Graf Goess-Enzenberg, Neffe und Adoptivsohn von Georg Graf Enzenberg, übernimmt 1993 den Besitz.
	Renovierung der Außenfassaden, Verlagerung der Privatwohnung in den Südflügel Parterre und Modernisierung des Führungsbetriebs.
2000	500 Jahre Schloß Tratzberg.

Register

Agapita, Vitus 119
Albrecht der Weise 72
Albrecht, Herzog 26f.
Andorfer, Sebastian, Baumeister 35
Anna, Schwester König Wenzels III. 21, 99
Aventin, bayrischer Geschichtsschreiber 16f.

Baumgartner, Bartholomäus 119
Baumgartner, Katharina 77, 81f.
Baumkirchen, Kunigundis von 20
Bayer, Joseph Anton 119
Bockschütz, Künstler aus Tölz 66
Bocksdorfer, Sebald 75
Braun, Johann Christoph von 136
Breysacher, Marquard 31
Busson, Professor 44

Cholb von Gasteige, Elisabeth 21
Cholb, Heinrich (»von Tratzberg«) 19ff., 111f.
Cholb, Sighard (II., »von Tratzberg«) 19ff.
Cholb, Sighard (I.) 17, 19
Cholb, Ulrich (»von Tratzberg«) 19f.
Christan, Meister 66
Christophorus, Abt 50
Claude von Frankreich 70
Collin, Alexander 136

Dax, Paul (II.) 86
Dax, Paul, Maler und Glasmaler 86, 97
Diepold, Jakob 80
Dreyling, Hans 136
Duvivier, Hilarius 97

Egg, Dr. Erich 35, 42, 56, 82
Egger, Dr. Josef 16, 25
Eleonora, Tochter Philipp des Schönen 69f.
Elisabeth, Tochter Philipp des Schönen 69
Entzenberger, Ananias 142
Entzenberger, Christoph 141
Entzenberger, Eberhardt 141
Entzenberger, Georg d.Ä. 141
Entzenberger, Michael 142
Enzenberg, Antonie, geb. Reinisch 150
Enzenberg, Artur Graf 44, 76, 95, 112, 135f., 147f., 150
Enzenberg, Burgherren 141ff.
Enzenberg, Franz II. Graf 142
Enzenberg, Franz III. Graf 11, 73f., 95, 104, 129, 134ff., 142ff.
Enzenberg, Franz Josef Graf 34, 142
Enzenberg, Hugo Graf 18, 148
Enzenberg, Karl Jakob 142
Enzenberg, Kassian Ignaz Freiherr von 142
Enzenberg, Marie Ottilie Gräfin 7, 150
Enzenberg, Mimi 147
Enzenberg, Rudolf Graf 135, 148
Enzenberg, Wilhelm Freiherr von 118
Erasmus, Zimmermann 31
Erlacher, Lamprecht 32f., 35, 38
Erlacher, Onofrius 35
Ernst von Bayern, Herzog 16
Ernst, Herzog 25ff.
Eschenloch, Heinrich von 22f.
Ferdinand, Erzherzog von Ambras 84, 139
Ferdinand, Erzherzog/König/Kaiser 69f., 82f., 95, 105f.
Fieger, Ferdinand Karl Graf 109
Fillin, Barbara 100, 106, 109
Firmian, Georg Sigmund Freiherr zu 136
Florencia, Schino de 24
Floris, Conrad 87

Fragnerin von Fragburg, Anna 141
Franz (I.) von Frankreich 70
Franz Josef I. 141
Freundsberg, Edle von 24f., 34
Freundsberg, Hans von 24f.
Freundsberg, Ulrich von 25f.
Frey von Schönstein, Francisz 110
Frey von Schönstein, Veronika 110
Friedrich III., Kaiser 27
Friedrich, Herzog 25ff.
Friedrich, Herzog von Sachsen 36
Fritzens, Rudolf de 19
Füeger, Familie 79
Füeger, Hans der Ältere 36
Fugger, Anna 96, 99
Fugger, Burgherren 11, 99ff., 105, 111, 152
Fugger, Georg 50, 100
Fugger, Hans 101
Fugger, Hieronymus 100, 136
Fugger, Jakob 86, 96, 99ff.
Fugger, Leopold 100, 106
Fugger, Maria 100
Fugger, Marx 105

Giebinger, Hans, Baumeister 28
Goess-Enzenberg, Katrin Gräfin 11
Goess-Enzenberg, Ulrich Graf 11
Goltzius, Kupferstecher 87, 95
Grasser, Erasmus 66
Gumppenberg, Franz Freiherr von 129
Gumppenberg, Theresia Freifrau von 129

Hagmayr, Balthasar 80
Halden, Burgherren 73, 95, 130, 146
Halden, Christoph Ignaz von der 117, 119
Halden, Franz Rudolf von der 109f., 112, 114f., 117
Halden, Johann Rudolf von der (II.) 110
Halden, Johann Rudolf von der 110
Halden, Josef Leonhard Hieronymus von der 113, 115f., 122, 125
Halden, Rudolf Ernst Severin von der 114f., 117
Halm, M. 66

Hartmann, Hans 36
Hefner-Alteneck, J.v. 57
Heinrich, Domherr zu Brixen 22
Heinrich, Herzog 21, 99
Heinrich, König von Böhmen 20, 22f.
Hergasser, Moriz 27
Hermann von St. Georgenberg, Abt 20
Hettinger, Georg 105
Hettinger, Maria Regina 105
Heydenreich, C. 80
Hilber, Michael 79
Hirschberg, Grafen 16
Hohenlohe, Georg Graf, Bischof von Passau 26
Hormayr 19
Hupfauf, Martin, Jäger 140f.

Ilsung, Burgherren 11, 84, 99, 105
Ilsung, Friedrich 96
Ilsung, Georg 43, 47, 50, 74, 77, 80, 83ff., 98, 109, 113, 116, 119, 129f., 139, 148
Imhoff, Burgherren 95, 105, 152
Imhoff, Hans Ernst 105f.
Imhoff, Konstantin 100, 105f., 108, 110
Imhoff, Maria Elisabeth 109
Imhoff, Maria Regina 109f.
Imhoff, Maria Susanna 108f.

Jäger, Chunrat, Salinenverwalter 19
Jaud, Michael 109
Jaudes, Arnold 20
Jöchl von Jöchelsthurn, Hans III. 34
Jöchl, Amandus 109, 113
Johann von Luxemburg 24
Johann von Mähren 71
Johann XXIII., Papst 26
Joseph I., Kaiser 123

Karl V. 69f.
Karl VI. 123
Karl VIII. von Frankreich 33
Kaspar von St. Jörnsperg, Abt 30
Katharina von Sachsen 69
Kaufmann, Christian 35
Kaufmann, Hans 29f.
Kempter, Franz 119
Kempter, Michael 114, 119

Kenner, Dr. F. 71
Khuen zu Belasi, Franz Graf 127
Khuen zu Belasi, Leopoldina Gräfin 127
Khuen, Alois Reichsgraf von 118
Khuen, Joseph Reichsgraf von 118
Kirchler, Mathias 119
Kneringer, Pfarrer 60
Knoller, Martin 120
Köffer, Conrad 27
Kölderer, Maler 70
Kripp, Clemens, Richter 27

Ladurner, Chronist 114
Lassank, Andreas 79
Laubenberg, Genoveva 34, 53, 77
Leiningen, Carl Fürst von 128
Leopold I., Kaiser 109, 123
Lieb von Liebenheim, Maria Elisabeth 108
Löbl von Greinburg, Frau Erzherzogs Ferdinand von Ambras 84f.
Lodron, Paris Graf zu 140
Ludwig von Bayern, Herzog, später Kaiser 15, 24
Ludwig von Brandenburg 24
Lueger, Johann, Schmied 119

Maler, Hans 71
Maltitz, Hans von 35f.
Manlich, Marx 82
Manlich, Mathias 82f., 86ff., 99, 129
Margaretha, Landesfürstin 24
Maria Theresia, Kaiserin 124, 142
Maria von Burgund 71
Maria, Tochter Philipp des Schönen 69
Maultasch, Margaretha 25
Max Emanuel von Bayern 114
Maximilian, König/Kaiser 31ff., 37ff., 43f., 66ff., 81, 106, 123, 135, 137, 141, 152
Meinhard II. 22f.
Meinhard III. 25, 71
Meinhard von Tirol, Graf 16f.
Moser, Anna 31
Moser, Hans 31

Obereigner, H. 133
Ottokar II. 68

Pappus(sin), Euphrosina 110
Pappus, Hartmann von 111
Pappus, von, Familie 24
Payer, Anton, Verwalter 124, 131
Pfinzing, Melchior 43
Philipp der Schöne 68f.
Preuschl, Dr. Otto von 7
Przemysliden 99
Pucher, Cunrad (auch Gamoreth) 25f.
Puecher, Bernhardt 40

Ramung, Hans 32
Reichhard, Konrad, Weihbischof 44
Reichhartinger, Christoph 42
Reischach, B. von 79
Reutter, Hans, Kunsttischler 66
Rindscheit(in), Anna 34, 53, 77
Rindscheit, Andree 53
Rost, Gräfin 142
Roß, Anton von 30, 129
Rottenburg, Heinrich von 25f.
Rottenburg, Seyfried (auch Sifried) von 21
Rudolf I., Kaiser 67ff., 72
Rudolf II. 72
Rudolf von Bayern, Pfalzgraf 16
Ruedl zu Ruedlsberg, Heinrich 136

Sanazeller (auch Sandizeller), Hochprand 30ff., 35, 151
Sarntheim, Theresia von 127
Schack, Sophie Amalia Freiin von 142
Schäufelein, Maler 78, 126
Scheiber, Artur Maria 23
Schellenberg, Susanna 96
Schindler, Thomas 27
Schlandersberg, Heinrich von 22
Schlandersberg, Siguna von 23
Schneider, Thomas 119
Schrenkh zu Notzing, Ferdinandus 79
Schullern-Schrattenhofen, Hermann von 111
Schurff, Georg 79
Sempach, Leopold von 72
Sigismund, Erzherzog 27ff., 34, 41f., 69

Bildnachweis

Farbteil (nach Bildnummern)

Foto Angerer, Schwaz: 2, 3, 4, 13;
Fotostudio Edelbauer, Schwaz: 5, 14, 16, 23–26;
Magister Martin Fiegl, Innsbruck: 1;
Helga Sittl, München: 9;
Foto Zwillsperger, München: 6–8, 10–12, 15, 17–22, 27, 28.

Textabbildungen (nach Seitenzahlen)

Foto Angerer, Schwaz: 135, 149;
Dr. Defner: 46, 55, 62–64, 90;
Demanega, Innsbruck: 41, 75, 133, 145;
Fotostudio Edelbauer, Schwaz: 29, 38;
Georg Graf Enzenberg: 47;
Baron Inama: 48;
Lukas Madersbacher: 39;
Otto Schmidt, Wien: 37;
Georg Schödl, München: 91;
Stockhammer, Hall: 52, 59 (2);
Tiroler Landesmuseum Ferdinandeum Innsbruck: 25, 97;
Archiv Verfasser: 13;
Rudolf Graf Vetter: 144;
Foto Zwillsperger, München: 104, 108, 111, 112, 115.

Sigismund, Kaiser 26, 123
Sigismund, König 34
Sikora, Albert 44
Spaur, Hildebrand von 36
Spitzweg, Carl 147
Staffler, Dr. 18
Starhemberg, Leopoldine Gräfin von 124
Stauber, Anna Maria 106
Stauber, Hieronymus 105f., 136
Stauber, Karl 105
Steger, Toni 135, 141, 146
Stephan von Ingolstadt, Herzog 26
Sternbach, Franz Andree Freiherr von 122
Sternbach, Johann Nepomuk Georg Freiherr von 118f.
Steyrer, Jörg, Steinmetz 56
Stolz, Professor 16

Tannauer, Andreas Martin 123
Tannauer, Fridrich 123
Tannauer, Georg 123
Tannauer, Joseph 123
Tannauer, Michael 123
Tannauer, Simon 123
Tannenberg, Alois Graf von 127ff., 142
Tannenberg, Burgherren 116
Tannenberg, Creszentia Gräfin von 121
Tannenberg, Ignaz Graf von 118, 121
Tannenberg, Ignaz Josef Johann Graf von 118, 127, 140
Tannenberg, Josef Graf von 110
Tannenberg, Joseph Anton Ignaz Graf von 118, 122ff., 127, 131f., 134, 148
Tannenberg, Karl Graf von 128
Tannenberg, Maria Anna Gräfin von 117f., 123
Tannenberg, Maria Helena Elisabetha Gräfin von 136
Tannenberg, Ottilia Gräfin von 129, 142, 148
Tannenberg, Rudolf Graf von 128f., 142
Tänzl(in), Helena 34, 142
Tänzl, Burgherren 11, 14, 33f., 36ff., 53ff., 73, 75, 77f., 83, 96, 99, 126
Tänzl, Christian 34, 37, 66, 79
Tänzl, Elisabeth, Tochter Christian Tänzls 34
Tänzl, Jakob 30
Tänzl, Kaspar Joachim 77, 81ff.
Tänzl, Symon (Sigmund) 34ff., 40, 53, 81
Tänzl, Toni Freiin von 44
Tänzl, Veit Jakob 33ff., 40, 53, 75, 77ff., 116, 119, 136, 138f., 151
Taxis, Crescentia von 128
Taxis, Viktoria von 127
Thauer, Judex de 19
Thonnauer, Martin 34
Thun-Hohenstein, Konstantin Graf 141
Tinkhauser, Georg 19
Töring, Anna Maria 100
Trapp, Gotthard Graf 111
Tratzberg, Heinrich von (1) siehe Cholb, Heinrich
Tratzberg, Heinrich von (2) 22ff.
Tratzberger, Hans 23, 110ff.
Troyer, Cyriac 106
Truefer von Holdersberg, Ulrich 136

Ulmer, Dr. Andreas 110

Vecelli, Familie 147
Völlser, Leonhard 31ff.
Voldrer von Friedberg, Wilhelm 27
Vorst, Albrecht von 22

Waldner, Hans 93
Walt, Heinrich, Schlosser 60
Weingartner, Monsignore J. 150
Weisbriach, Ulrich von 25
Welser, Philippine 84, 93
Welzer, Moriz 46
Wenzl III., König von Böhmen und Polen 21
Wernher von Wilten, Abt 20
Wiert, Simon, Kunsttischler 66
Wilczek, Hans Graf 76
Wilhelm von Bayern, Herzog 16
Wilhelm von Enna 23
Windtheim, Michl Görg von 79

Zingerle, Professor 78

Maximilian von gots gnaden Ro[...]
dalmatien Croatien etc kunig Er[...]
und Phallenntzgrave etc Em[...]
und furrstrigen phleger zu [...]
Wir haben unnsern getrewen [...]
unnser Sloss Tratzburg mit s[...]
nach dem die Vischwaid auf d[...]
parthen genannt der ain part
gehort Und auch in yeder unn[...]
yetzgenannten zwayen parth[...]
das er den genannten Tänntz[...]
ganntz kainerlay eingriff o[...]
desgleichen sollst er Sy auf d[...]
auch gestehen lassen Und Sy [...]
[...] unnser [...]
des heiligen zwelfboten tag
im Sechtzehenden und des [...]

                                            7 =
                                            45